刘醒龙
作品

我的河山我的家

MY LAND
MY
HOME

贵州出版集团
贵州人民出版社

目录

CONTEN

『山水』

『城市』

『故　乡』

『旧　事』

目录

CONTEN

『村野』

壹·山水

三 峡 | 一滴水有多苦

一滴水在一只干瘪的下巴上晶莹地闪烁着。

一位老人感觉到了它的分量，伸出虬痕斑驳的手，仿佛从砂砾中寻到一粒玛瑙，轻轻捋下水滴，小心翼翼地捧起来，送到自己的唇边。

关于水，这是我记得最为细致的细节。记得她的地方，是在新滩，那是三峡中最险要之所在。下船后跨过晃荡不已的跳板，再穿越所谓码头上的十几块巨石，才有一道人工开凿的石阶通往位于半山腰小镇。老人就坐在石阶上。因为枯水，又因为老人的手过于苍老，那石阶，愈发显得太高。坐在石阶的三分之二高处的老人，拿着一只不知用过多少次的旧矿泉水瓶，半瓶净水映照出一江浊浪，她却丝毫没有诗中所形容的饮马长江样子，目光浑浊涌动的全是干枯燥渴。

去过多少次三峡，我已经记不太清了。主要是不愿意一一细想，总觉得只须记住那份天底下独一无二的大江大水就够了。譬如我们每天睁开眼睛都要面对的许多日常世俗，有多少是能长久地留在心里而永世不忘哩！是否记得去过三峡的次数真的不重要。那些一辈子活在三峡里，从没有离开过的人，难道可以说他们只到一次三峡吗？所以，一个人除了永生与某个地域相生相守外，在不得不有来有去的时候，重要的是对这一类与灵魂有约的事物刻骨铭心。

或是逆水行舟，或是顺流而下，这是一般人去三峡惯用的方式。最初的时候，我也是这样尝试的，后来，之所以弃舟楫而登陆，行走在陡峭的大江两岸，就在于我见到了这位将自身挂在陡峭江岸上的老人，以及这样一滴挂在宛如用江中礁石刻成的下巴上的净水。老人双肩上的背篓里装满了许多故事，有她自己的，也有别人的，还有与任何人都不相干，只属于眼际里唯一的峡江和数不清高山大岭中的苦乐情殇。

浩荡的大江，浩荡的大水，浩荡的大船，一个人用尽游历的目光也只能看到三峡的雄奇瑰丽，也只有懂得了背篓，才能懂得乡间的苦砺亦即这山水般荡气回肠。在那些三峡大坝截流前所剩寥寥无几的年份里，这样的背篓给当地女人平添了更多的忧伤。每每与她们相遇，看得见那一双双的眼神，其中复杂，宛如高山上绝不放过天上落下来每一滴雨水的无底天坑。曾经在心里闪过这样的描写，背篓之于三峡中的女人，是秀目，是玉乳，是美臀，出门时双肩不负背篓的女人是不完整的。还进一步认为总也不离女人肩上的背篓，是人在这样的山水之间得以养育与繁衍的子宫。无论如何来看，在表面，在一江两岸亘古不变的背篓仿佛是山里女人肌体一部分。就像那位坐在石阶上的老人，人坐在第一级，背篓垫在第二级，同时靠着第三级。不管外来者如何看，她自己分明是在享受着一份人生的惬意。

与空荡荡背篓相依相偎的老人，不错过一滴净水的老人，在江边，当然会有自己的追忆。她将过去的一切从山上背下来，又将一切的过去从江边背回去。无须多问，从一滴水里就能知晓，老人年轻时同所有女子一样，嫁到别人家，满三朝的那天早上，就得背上背篓，从高高的山上下来背一桶江水回家，如此多日，直到练就了一滴不漏的功夫，才算得上是婆婆的媳妇，丈夫的女人。那时候的新娘子才敢在丈夫面前笑一笑，再放心大胆地在丈夫的怀里做一回真正的女人。

只有走在那破碎的山路上，才晓得紧邻长江的这些大山是如此的害怕干旱。半个月不见雨水落下来，那些大大小小的天坑就会比人还焦渴，张开大嘴拼命地吮吸着有可能变成水滴的每一丝潮气。女人们纷纷背上背篓，出家门一步一步地沿着陡峭山崖下到江底，将水桶灌满后放进背篓，然后又一步一步地爬向突然变得远在云端的家中。

有一天，一位女子背着水走到一处山崖下，忽然闻听到头顶上有一群家畜在吼叫。女人晓得那些畜生闻到了水的气味，不敢往上爬，等了许久，畜生们不但不肯离开，最渴的一头牛等不及了，竟然一头闯下崖，摔死在女人面前。天要黑了，女人开始哭泣着往这必经之路上爬，她明白接下来会是何种局面。刚刚露头，家畜们就冲上来将她扑倒，背篓里的江水全都泼在岩石上。牛们、羊们和猪们，拼命地将自己的长嘴巴贴上去，吸啊吸，舔啊舔，舌头磨破了，岩石上变得血红一片也不见它们有片刻歇息。

又有一天，一位刚刚出嫁的女子，从那高高的山上急匆匆地下来了。见到江水，女子忙不迭地将焦黄的脸洗成让男人见了心爱心疼的嫩红，又用梳子蘸着江水将蓬乱的头发打理得一丝不苟。将全家的饥渴背在肩上的女子，从早上下山，天近黄昏时才到家门，她一高兴，忍不住叫了一声。她没说我回来了，而是说水回来了。那一刻，她放松了警觉，也是因为太累，不太高的门槛突然升起来许多，脚下一绊，一路没有泼过一滴的水顿时没了，泼在地上，青烟一冒，转眼之间就只有门前青石板的低凹处还有一点水的残骸。看着一家老小趴在青石板上舔那积水的样子，女子一声不吭地拿上一根绳子，将自己吊死在屋后的树林里。

新结识的本地朋友说这些事情时，目光一直盯着江南岸的高山大岭。想要从那些自然的皱折中找到散居的人家，唯一线索是炊烟。后来的一个五月天，我独自一人再次来到这一带时，连接江水与陆地的石阶上仍然有背着背篓的老少女人在攀行，我没有找到那颗挂在老人下巴上的水滴，却看到了更多如水一般的汗珠密布在女人的前额上，不时地，女人伸手抹下一把，重重地摔在石阶上。一阵叭叭的响传来，那是江水上涨时拍拍打打的声音。

那天黄昏，我走向无人的水湾，与眼前早早黑下来的大山一道泡在冰凉的江水中，感觉中那些高不可攀的去处变得更加遥不可及。相对于一座山，无论从何种角度去接近，所能抵达的只能是她的背影。一滴水也是如此，无论如何地想象她有多苦、有多深和有多宽阔，到头来所能记下的唯有那一点点的背影。

人性的山水

夏天带给一个人的最大变化是性情。有冷雨也好，没有冷雨也好，只要是夏天，谁敢说自己的情绪仍旧一如秋天的浪漫、春天的激荡！只有山水如是。在山水面前，人的夏季，如同穿过空谷的清风，用不着躁动的喧嚣，也用不着迷惘的委顿。峰峦上厚厚的绿，是一种难得的沉思，流响中湍湍的清，则是一番久违的行动。正是因为这样的夏季，它让我由衷的想到，假如没有那个独立于人类许多行为遗憾之外而继续着自然意义的九畹溪，人性的范畴，或许就要缺少一些季节。

已经发生的记忆里，长江三峡是不会不存在的。几年前，在一部长篇小说的写作经历里，我曾多次出入于此。这样的写作，总会让我理解许多文字以外的存在和不存在。譬如那座只存在于历史与记忆中的三峡，除了那多多少少的传说还能让我们闭目徜徉，扪心想往，所有正在使人亲眼目睹、亲临其境的风景，早已成了人与自然共同拥有的一份无奈。在历史中读三峡，是何等伟大，何等雄奇！曾经的水是无羁的，曾经的江是魔幻的，曾经的峭壁敢于蔽日问天，曾经的男女惯于驾风戏浪。真正的三峡是有生命的。只有当我们察觉到这一点时，这种自然风采中的俊杰，才会通过一个个心灵通向永恒。只可惜，昔日一次次咬断船桅的活生生的浪头，在现代化的高坝面前无可救药地变得平淡无奇。只可惜，昔日一场场考验男性胆略女性意志的水道，在迈向平庸的舒适里心甘情愿地消沉了自我。空荡的水天上，只有去那遥远得早已看不见摸不着的境界里，才能聆听浩浩荡荡的桡夫们的歌唱。繁茂的世界里，任我们如何深情地搂抱那如椽的纤夫石，也无法感受到所有滩姐都曾留下过的怀抱的温暖。

宽厚的过去文化，孕育了幼小的现在文明。渴望成长食欲过盛的现在文明，反过来鲸吞掉作为母体的过去文化。历史的老人啊，为什么总是以这样的方式来教导青春年少的时代哩！

一直以来，我用我的写作表达着对失去过去文化的三峡的深深的痛惜。并试图提醒人们，眼际里风平浪静波澜不惊的三峡，在人性的天平上，是深受怀疑的。不管有没有人附和，我都要坚持。这是一种人文操守，也是不可或缺的人文责任，哪怕它何等的不合时宜！我的多年的情绪，直到那条出入在西陵峡时，名叫九畹溪的河流的被发现，才得以平缓。以心而论，紧挨着西陵峡的这条河流，能够完好如初地保留至今就是奇迹。这样的奇迹出现在时时刻刻都有人文的和非人文的景观灭绝的今天，本身就能获得不可磨灭的意义。三十六里长的一涧有情之水，用那三十二滩急速的飞泄，张扬着仿佛已在山水间绝迹的豪迈。还有三十二潭满满的温柔。很显然，如此盈盈荡荡，早已不是一条溪流与生俱来的，那所有的承载更多是从不远处大壑大水中移情而来。人文情深，天地当会浓缩。若思三峡，当来九畹。乘一瀑清泉，飞流直下，耳畔里时时飘来古韵民歌，还有哪里找寻得到？这样的时刻，沉浸其中的人性，才是最有幸的。直接地，赤裸地，狂放地，在自然界最有魅力的一侧面前，作为人，除此还能做什么哩！虽然有些小巧，虽然有些玲珑，对于早已习惯今日生活的人，怀着对三峡的情思，享受着九畹的仅有，除了感官的满足，还应该不能忘记：这一切全是我们的幸运！

丽 江 | 在母亲心里流浪

去丽江，不管是何种年龄，一定要去听一位歌手的歌。即便是与音乐最无缘，也能因为他的那个令人奇怪的姓氏，而多一些对这个世界的好奇。

在丽江小住，因为过年，现代情感与传统情绪纠结得格外深，以至于意外得出一种与历史社会无关，纯属个人的结论：这座在文化上只配与茶马古道共存亡的小城，能够在航天时代大张旗鼓地复活，应是无限得益于那些从来不缺少才华，也从来不缺少浪迹天涯情结的知性男女。

那天下午，从客栈里出来，随心所欲地沿着小溪将自己散漫到某条小街。清汪汪的流响若有若无相伴着。水声之外，其余动静亦如此，不到近处，不用心体察，皆不会自动飘来。就这样我走进一所“音乐小屋”。十几年前我写过一篇也叫《音乐小屋》的小说。眼前的小屋似乎有某种默契，我在小板凳上坐了下来，听着弥漫在四周的歌唱，有一句没一句地与那位开店的彝族姑娘搭着话。最终，我从她手里买走了一大叠歌碟。虽然歌碟有些来历不明，那些歌唱却是真情感人。据说，在这些本地制作的歌碟背后，漂泊着许多比音乐还自由的自由歌手。

小街的青石，光滑得像是从沧桑中溜出来的一页志书。

小街的板房，粗犷得像是垂垂兮长者在守候中打着盹。

小街的空旷，幽幽地像是明眸之于女子越情深越虚无。

这时候，还没想到，再过几小时，就会遇上一位自由歌手。

在这段时间里，首先，天黑了，肚子饿了。接下来，在爬到一所餐馆小院的二楼上看古城灯火时，因为限电，身边一带突然了无光明。不得不离开时，我们还是不想选择灯光通明如长安街的四方街等，偏要沿着背街深巷，在青石板成了唯一光源的暗夜中缓缓潜行。当光明重新出现时，正好看到一处可以推门进去的酒吧。坐下后，那位男歌手为着我们这种年纪的人唱了几首老歌。突然间，酒吧里也停电了。

点蜡烛时，聊起来，了解到他叫丑钢。我忍不住问，这是你的艺名吧。丑钢却说是本名，而姓丑的都是满族人，还说自己曾经是银行职员，做歌手已经十几年了。过年的丽江，一限电就是两小时，这一次我们不想刚坐下就走。而丑钢也拿起一把吉他，唱起他自己写的歌——《老爸》。只听他唱了一段，接下来我们就能跟着唱：“爸爸，我的老爸爸，那天你突然病倒了。我说爸爸，我的爸爸，你不要离开我和妈妈！”这样的歌唱让人心动，其理由自不待言。

接下来他唱起《老了》：“老了，真的感觉老了。一切都变化太大，再不说那些狂话。老了，纯真的心灵老了，不过仅仅二十几岁吗，却真的感觉老了。我真的老了，我已付出太多代价。天真离我越来越远，我却根本留不住它。我真的老了吗，看到打架我好害怕。生存，说白了更像一种挣扎。执著，其实只是没有办法。理想，我已差点忘记了。对不起，我不能再唱。我感到饿了，妈妈……”

听这一曲，恍若在小街拐弯处，与命运撞了一个满怀。

不是能否躲得开，而是这一头撞得有多重。是翻出几个跟斗，或者几个踉跄，再不就是满脑门金星灿烂？老了是一种命运，从年轻到老了是一种命运，刚刚年轻就觉得老了也是一种命运，只有年轻而却没有机会老了更是一种命运。谁想反其道而行之，从老了再到年轻，无论如何，都是痴人说梦，而不可能是命运。

曾经听过别人说，丽江必须靠自己去甚至是无人的小街上寻找，才能发现。客栈老板亦说过，有美丽女子三年当中十几次投宿门下，所要做的便是满街寻找。不晓得她找到“老了”否？想来能够让人一生中寻找到老的，除了命运，不可能有其他。

小街与我共有过的“音乐小屋”，何尝不是某种命运！在找到她之前，丽江小街是别处的一种言说。一旦命运撞将过来，这些便顺理成章地有了事实发生。不仅仅——不仅仅是某种新艳际遇，那些太微不足道了，就像一张小面额纸币，就能在小街上买到，扮酷的帽子与秀美披肩。重要的是在哲学辨察、史学明鉴和文学感怀之上，用双手实实在在地抚摸到一生中无所不在的命运，顺便掂一掂其重量。

在丑钢的自由歌唱下，从忧郁到安宁只有一步之遥。

作为一名从长春到北京，再到深圳，最后来丽江并爱上丽江，不肯再走的歌手，他比自己姓氏更奇怪地从没有用流浪一词来形容自己。

到了需要我们离开酒吧时，被限制的电一直没来。

于是非常情不自禁地想到：面对黑夜，无法流浪。除非流浪的人和灵魂，揣着的一粒烛光。然而，有着烛光一样的理想，就不是传统的流浪了。

离开丽江，回到武汉，收到丑钢的短信。回复时，我形容他是在母亲心里流浪。实际上还想说，能在母亲心里流浪，最轻微的歌唱，也会是最深情的感动。一如普天之下，每个人都曾想到并说过的：我饿了，妈妈……

赤　壁 | 赤壁风骨

拜谒东坡赤壁，最早是在一九八四年春天。

其时还住在山里，因为陪同外省两位文学前辈，而搭乘长途客车前来古城黄州。那一次，我们沿着一条清静的道路缓缓前行，景象分明很陌生，心里却有一种熟悉仿佛是与生俱来。多年后，有机会在这路旁某文化单位工作，父母来小住，才晓得，自己就是在这路旁一所普通房舍里出生的。清静的路悄然通向一扇朴素小门。门后石壁苍红，正在偏西的太阳，诗意地将人带到二赋堂前。

从这以后，不记得来过多少次。在黄州的几年间，因为相隔几百米，不用挪步，站在窗后，就能将越来越沧桑的东坡赤壁揽入情怀。再往后，我这过客一样的黄州之子，又一次离别去远。偶尔有机会回来小住，不只是深情牵挂，重要的是为文之人，面对古来宗师，在品格操守上再行受戒。

要进二赋堂，须得迈过那道高洁门槛。

这样说，非是怀想此地可曾光彩照人。坡仙显圣处，早就是如此落寞寂寥，如此宏阔高远，如此简易却渊博大千，如此素洁而霓裳万方。虽然听不绝大江东去风流浩叹，清凉赤壁与清凉东坡，才是地理人文的天作之合。正是有此一段天下无双的合璧，汤汤鄂东五水，才没有写成一部从头到尾的天灾人祸血腥乱世史。一段落寞寂寥，百代宏阔高远。历史的品质就是心灵的品质。称为古老也不够形容筑城久远之黄州，岁月城池四围，被新王朝猛将毁了又毁！又被旧皇族顽军烧了又烧！闻风而起的暴众和运筹帷幄的官兵，更将鄂东之地涂炭多少，败坏江山何止千年？东坡之前，一江两岸散落的莫不是社稷碎片。东坡往后，五水其间破碎依旧，所散落的更有家国的灵肉诗情。

天造地设，从九天降一滴甘露到某片树叶，谁敢事先料定归宿！

当年孤鹤横江，惊涛卷雪，哪会相信小小乡谚：河东三十，河西三十！水天往南，沧桑向北。涓涓细流的宿命，同样是茫茫大江之茫茫真理！亘古长河，流尽性情之水。烟云过隙，激浪无痕。一声吹断横笛，吹断的还有江涛，空凭许多乱石流沙，枯苇残荷，铺陈在诗词清流与天才赤壁之间。滩涂浅水，虾蟹横行，龟鳖招摇，终不过是风尘之数，成不了风流！

果然是东去大江了！不比将帅之争以胜败结论，王者旗下万骨横陈。诗文哲理以心灵为天下，以真理为至尊。前者极欲统治生命，后者唯愿生命力不断推陈出新。美学是无需雨露的滋润，风雅是掩映文哲的经典。赤壁之水源流五水之上，赤壁之楼风范古城四围。黄州以远各自拥有如苏子东坡的奇迹：黄侃、熊十力、闻一多、胡风、秦兆阳等，风骨挺拔几乎构成中华晚近以来的精神圣界。思哲其深，才情其远，分明风骨相传。本是山水的壁垒，能傲然立世，不只是鄂东学子后续之造化，亦在于诗情弟子不以先师风雅而附庸，才有东坡赤壁真如圣迹，无以落下坡仙之外半笔污墨。一江流远，唯楚有才，鄂东为最。其言所指，当然是在风华与才情之上，沿袭楚狂屈原的孤鹤与长虹般气节。

鄂东之地，物产中能傲视古今的是人之风骨。

有风骨的大地，拒绝生长邪恶奸佞。

生于赤壁，生长于赤壁，生生不息于赤壁，都是大道与大德的天赐。有此人文质量，一江五水终将获得清洁与丰饶。

九寨沟|九寨重重

有些地方，离开自己的生活无论有多远，从这里到那里又是何等的水复山重不惊也险，一切十分清晰明了的艰难仿佛都是某种虚拟，只要机遇来了，手头上再重要的事情也会暂时丢在一边不顾不管，任它三七二十一地要了一张机票便扑过去。重回九寨沟便是这样。那天从成都上了飞往九寨沟的飞机后，突然发现左舷窗外就是雪山，一时间忍不住扭头告诉靠右边坐着的同行者，想不到他们也在右边舷窗外看到了高高的雪山，原来我们搭乘的飞机正在一条长长的雪山峡谷中飞行。结束此次行程返回的那天，在那座建在深山峡谷中的机场里等待时，来接我们的波音客机，只要再飞十分钟就可以着陆了，大约就在这座山谷里遇上大风，而被生生地吹回成都双流机场。有太多冰雪堆积得比这条航线还高，有太多原始森林生长在这条航线之上，有太多无法攀援的旷岭绝壁将这条航线挤压得如此容不得半点闪失。也只有在明白这些以壮观面目出现，其实是万般险恶的东西之后，才会有那种叹为观止的长长一吁。

几年前，曾经有过对九寨山地一天一夜的短暂接触。那一次，从江油古城出发，长途汽车从山尖微亮一直跑到路上漆黑才到达目的地。本以为五月花虽然在成都平原上开得正艳，遥远得都快成为天堂的九寨之上充其量不过是早春。到了之后才发现，在平原与丘陵上开谢了的满山杜鹃，到了深山也是只留下一些残余，没肝没肺地混迹在千百年前的原始森林和次生林中。我看见五月六月的九寨山地里，更为别致的一种花名为裙袂飘飘。我相信七月八月的九寨山地，最为耀眼的一种草会被名曰为衣冠楚楚。而到了九月十月，九寨山地中长得最为茂密的一定会是男男女女逶迤而成的人的密林。

我明白，这些怪不得谁，就像我也要来一样。天造地设的这一段情景，简直就是对有限生命的一种抚慰。无论是谁，无论用何种方式来使自身显得貌似强大，甚至是伟大，可死亡总是铁面无私地贫贱如一，从不肯使用哪怕仅仅是半点因人而异的小动作。所以，一旦听信了宛如仙境的传闻，谁个不会在心中生出用有生之年莅临此地的念头？每一个人对九寨沟生出的每一个渴望，莫不是其对真真切切仙境的退而求次。谁能证明他人心中的不是呢？这是一个自问问天仍然无法求证的难题。千万里风尘仆仆，用尽满身的惊恐劳累疲惫不堪，只是换来几眼风光，领略几番风情，显然不是这个时代的普遍价值观，以及各种价值之间的换算习惯。以仙境而闻名的九寨山地，有太多难以言说的美妙。九寨山地之所以成为仙境，是因为有着与其实实在在的美妙，数量相同质量相等的理想之虚和渴望之幻。

九寨沟最大的与众不同，是在你还没有离开它，心里就会生出一种牵挂。这种名为牵挂的感觉，甚至明显比最初希望直抵仙境秘密深处的念头强烈许多。从我行将起程开始，到再次踏上这片曾经让人难以言说的山地，我就在想，有那么多的好去处在等待着自己初探，却要在这么短的时间里重上九寨山地，似这样需要改变自己性情和习惯行为，仅仅因为牵挂是不够的。人生一世，几乎全靠着各种各样的牵挂来维系。其中最为惊心动魄的当数人们最不想见到，又最想见到的命运。明明晓得它有一定之规，总也把握不住。正如明明晓得在命运运行过程中，绝对真实地存在炼狱，却要学那对九寨山地的想象，一定要做到步步生花寸寸祥云滴滴甘露才合乎心意。

牵挂是一种普遍的命运，命运是一项重要的牵挂。与命运这类牵挂相比，牵挂这片山地的理由在哪里？直到由浅至深从淡到浓，用亲手制作的酥油搽一辈子，才能让脸上生出那份金属颜色的酡红，与玉一样的冰雪同辉时，于心里才有了关于这块山地的与美丽最为接近的概念。

再来时已是冬季。严冬将人们亲近仙境的念头冰封起来，而使九寨沟以最大限度的造化，让一向只在心中了然的仙境接近真实。冬季的九寨沟，让人心生一种并非错觉的感觉：一切的美妙，都已达到离极致只有半步之遥的程度。极目去望，找不见的山地奇花异草，透过尘世最纯洁的冰雪开满心扉。穷尽心机，享不了的空谷天籁灵性，穿越如凝脂的彩池通遍脉络。此时此地与彼时此地，相差之大足以使人瞠目。从前见过的山地风景，一下子变渺小了，小小的，丁点儿，不必双手，有两个指头就够了，欠一欠身子从凝固的山崖上摘下一支长长的冰吊儿，再借来一缕雪地阳光，便足以装入早先所见到的全部灿烂。

人生在世所做的一切，后果是什么，会因其过程不同而变化万千，唯有其出发点从来都是由自身来做准备，并且是一心只想留给自己细细享受的。正是捧着这很小很小，却灿烂得极大极大的一只冰，我才恍然悟出原来天地万物，坚不可摧的一座大山也好，以无形作有形的性情之水也好，也是要听风听雨问寒问暖的。从春到夏再到秋，一片山地无论何等著名，全都与己无关。山地也有山地的命运，只是人所不知罢了。前一次，所见所闻是九寨沟的青春浮华。不管有多少人潮在欢呼涌动，也不管这样的欢呼涌动，会激起多少以数学方式或者几何方式增长的新的人潮。在这里，山地仍然按照既有的轨迹，譬如说，要用冬季的严厉与冷酷，打造与梦幻中的仙境，只有一滴水不同、只有一棵草不同、只有一片羽毛不同的人迹可至的真实仙境。

人与绝美的远离，是因为人类在其进行过程中越来越亲近平庸。能不能这样想，那些所谓最好的季节，其实就是平庸日子的别一种说法。不见洪流滚滚激荡山川的气概，就将可以嬉戏的涓涓细流当成时尚生活的惊喜。不见冰瀑横空万山空绝的气质，便把使人滋润的习习野风当成茶余饭后的欣然。当然，这些不全是选择之误。天地之分，本来就是太多太多的偶然造成的。正如有人觅得机会，进到了众人以为不宜进去的山地，这才从生命的冬季正是生命最美时刻这一道理中，深深地领悟到，山有绝美，水有绝美，树有绝美，风有绝美，在山地的九寨沟，拥有这种种极致的时刻已经属于了冬季。

洞庭湖|沉郁岳阳楼

记不清楚上岳阳楼几多回了。想来却奇怪，每遇楼上道道飞檐、盔顶和楹柱，总会生出初临之感。也许正应了“云江北、梦江南”这句民谚，两湖比邻，文化同属古楚，来湖南，就如同寻根访祖了。

远眺洞庭碧水长天，空怀沧溟辽阔无际。

其实，天下各处名楼，都隐匿有各自沧桑的源起，如同人，都对应着不同的命运。岁月倥偬，时光如尘，多数来历亦真亦幻，却归于了一统，或位列神话仙班，或藏于人云亦云。岳阳楼也无法僭越这种宿命。建造年代已无可考究，建楼者更是无从谈起。不过，后世重修者大多为当朝历代精英，早已彪炳典册，有迹可寻。至于那建构一梁一栋的工匠，啸聚于

相对于一座山，无论从何种角度去接近，所能抵达的只能是她的背影。一滴水也是如此，无论如何地想象她有多苦、有多深和有多宽阔，到头来所能记下的唯有那一点点的背影。

一个人除了永生与某个地域相生相守外，在不得不有来有去的时候，重要的是对这一类与灵魂有约的事物刻骨铭心。

水天往南，沧桑向北。涓涓细流的宿命，同样是茫茫大江之茫茫真理！亘古长河，流尽性情之水。烟云过隙，激浪无痕。

面对黑夜，无法流浪。除非流浪的人和灵魂，揣着的一粒烛光。然而，有着烛光一样的理想，就不是传统的流浪了。

由浅至深从淡到浓，用亲手制作的酥油搽一辈子，才能让脸上生出那份金属颜色的酡红，与玉一样的冰雪同辉时，于心里才有了关于这块山地的与美丽最为接近的概念。

不见洪流滚滚激荡山川的气概，就将可以嬉戏的涓涓细流当成时尚生活的惊喜；不见冰瀑横空万山空绝的气质，便把使人滋润的习习野风当成茶余饭后的欣然。

在同一块地域上来往的时间太久，不知不觉中就会忽略个体和群体的秉性。直到某月某日某时，因为某人某事的触动，突然觉悟到某些个人生活的某些过程时，已经恍若隔世。

极目去望，找不见的山地奇花异草，透过尘世最纯洁的冰雪开满心扉。穷尽心机，享不了的空谷天籁灵性，穿越如凝脂的彩池通遍脉络。

精英们的盛名之下，只能成为历史无尽的猜度、疑问，等同虚无。就像身边的洞庭，人只注目湖水的浩淼博大，谁还在意那一点一滴呢？历史的不公正，于此可窥全貌。此为题外话，说修楼人。

溯至三国，史载首修岳阳楼者，是东吴大将鲁肃。鲁肃为人豪侠，谋勇于当时乱世中卓尔不群。早在诸葛亮初出茅庐前七年，就曾预言天下必将三分。历史的残酷，于诸葛身上又得以鉴证。皇皇一部章回体小说《三国演义》，把“三分天下”的天才眼光，就这样硬生生移植在孔明头顶，造就了中国文化的智性传统。文化的强大，连历史往往也只能自叹弗如。

鲁肃在当时叫巴丘的岳阳地界上大兴土木，修缮当时未曾得名岳阳楼的城楼，并不出自文化考量，只因战事所需，用以检阅和训练水军。于是，岳阳楼的前身，不图享乐以博美人眷顾而奢靡，也不为王权折腰而浮华。这楼，其沉郁之气，因与战争如孪生兄弟般同时降世，就如此钦定下来了。

时过五百年左右，至公元七一六年，岳阳楼等来真正懂它的人，没落权贵、被贬中书令张说。比之鲁肃，张说对中国文化的影响要小很多，但在唐开元年间武则天主政期，张说却是公认的文坛领袖。从现今留存下来的《全唐诗·四月一日过江赴荆州》里两句：“比肩羊叔子，千载岂无才”，就可管窥张说并非浪得虚名。张说被贬，祸起仗义执言，不做伪证，敢于当朝顶撞武氏内宠。好在历史总在阴错阳差间，会留下些许幸事。“伪证案”没给张说引来灭族杀身的横灾，却给岳阳楼带来了重生。

谪守岳阳的张说，开始了扩改鲁肃阅军楼的宏大工程。先名旧楼为“南楼”，后正式定名为岳阳楼，整日里与一群文人雅士们在楼上饮酒作诗，赏湖观景。实在无法想象，一个被贬谪的朝廷命官，一个失败的男人，在洞庭湖上，面对被雨打风吹近五个世纪的一座残楼，面对被惊涛骇浪濯洗拍打了快五百年的一座老楼，修葺整改岳阳楼如凤凰涅槃重生之时，不以沉郁为底色和檩木加入打磨、构架，难道会为那道道飞檐、盔顶和廊柱，抹上层层浮光？

“昔闻洞庭水，今上岳阳楼”。湖与楼的相得益彰，如老友故旧，端坐于云谲波诡的中国历史长河中经年交谈，以心换心。浩荡的气势与悠久的内涵，使岳阳楼成为唐以后诗人墨客的心灵栖息地，孟浩然、李白、杜甫、白居易、刘禹锡……或贬谪、或流亡、或失意、或落魄，心怀沉郁之气，饱尝家国悲愤，于此登楼，于此吟诗，于此作赋。至盛唐中业，岳阳楼已然成了传统文化里的特殊符号、意蕴和象征，借以抒发忧国济世的感念、理想。

如此说来，我们的文化、历史、包括传统，似乎是因贬官们的创造才得以继承。其实也不难理解，贬官失宠，跌宕，孤苦、孤单，以至孤独，恰巧掰开了文化、历史和传统的内核；贬官在外，鹤野云闲，亲近自然，寄情山水。于是，文写了，词赋了，且性情感喟大多真挚。人因文立，文因人诵。历史有了，文化有了，传统也就立起来了。北宋庆历四年春，同是贬官的腾子京，在岳阳楼也是走此老路。谪贬到洞庭湖边的第二年，便集资重修，并“刻唐贤今人诗赋于其上”。大约腾氏觉得自己被贬得不够远，也不够狠，或许自知才华有限，便想起另一位贬友，远千里外的邓州地方官范仲淹。

终生未登岳阳楼的范知洲，仅凭腾氏遥寄书画一副，想象，还是想象，就借楼写湖，凭湖抒怀，当然，也只如此经历过从极乐到极忧的贬官，才有了比从未上位的平民和从未下位的权贵更加深刻的忧乐体味，而留下了千古流传的楼记：“先天下之忧而忧，后天下之乐而乐！”从此，世间就有了从未有过洞庭水映岳阳楼的胜景。中国文化的吊诡和奇妙，于《岳阳楼记》里展示得淋漓尽致。

汉楚大地|楚汉思想散

这些年，走过的地方越来越多。也不知道是何原因，只要所经过的道路出现惊险，就会想起那些被称为浙江佬的人，在高山绝壁上放炮修路的情景。去西藏，去新疆，去云南，去太平洋彼岸的科罗拉多峡谷，去欧洲腹地的阿尔卑斯山脉，只要车辆长时间用低速行驶，只要同行的女性不再将柔曼的目光投向车外，小时候的见闻便如期而至。因为修战备公路，浙江佬才作为名词出现在乡土老家的日常词汇中。大约是当年修鹰厦铁路练就的本领，浙江佬一来到汉楚东部的大别山区，那些一向以为无法逾越的座座雄关大岭，便乖乖地任其摆布。这条路现在被称为318国道。更年轻的人，根本就不在乎那些咽喉要道是谁修出来的，如果有浙江佬一词从他们嘴里冒出来，百分之百是与在沿海一带打工的经历相关。

那时候，在乡土老家，浙江佬是一种传说和传奇。许多远离公路而居的人，男的挑上一担劈柴，女的带着几只鸡蛋，说是卖给浙江佬换点油盐钱。那些爱看热闹却又没有多余力气的老人，哪怕搜肠刮肚也要想出一门挨着战备公路的亲戚走走。所有人的心思都是一样的，就想看看不怕死的浙江佬如何用绳子捆着自己的腰，吊在云雾里，挥着锤柄近一丈长的腰锤，在悬崖绝壁上打眼放炮。

在这种传说与传奇的背后，还有一种公论：浙江佬太苕了！苕字是汉语言汉楚语系独有的。它有北方语系所说的傻的意味，又不全是。从语感上分析，湖北人每每用到苕字，相比北方人用傻字时，多了一种悲悯的质感。一条战备公路，不仅引来了浙江佬，还有广西佬。广西佬来是为了修桥。广西佬爱吃蛇，乡土老家的人也说他们苕。此时此刻所说的苕，已经是嘲笑了。

这种总不肯一去不返的记忆，想要兆示的意义，一直让我很难面对。

浸泡在乡情里的人谁个不会敝帚自珍！

在同一块地域上来往的时间太久，不知不觉中就会忽略个体和群体的秉性。直到某月某日某时，因为某人某事的触动，突然觉悟到某些个人生活的某些过程时，已经恍若隔世。二〇〇三年正月初九晚上，久离汉楚东部英山县的一群人，在武昌某处聚会。大家一致约定，不许说离家多年，早已学得十分圆熟的国语或流行于汉楚之都的武汉方言，只能用在乡土老家世代流芳，被我们戏称为“英语”的语言。

等到轮番开口说过，不用介绍，每个人在乡土老家的细小位置便能大致判断出来。县里有两条河，沿西河住的人，称母亲为姨的阴平音、并且保持音量略作拖长，父亲称作大；沿东河住的人，将母亲称作丫、父亲称作父。在汉楚地域，关于父母的称谓，不同县份叫法时常不同。与英山隔着一条西河相邻的罗田，叫母亲时也用与西河一带相同的姨，叫父亲时则与英山东河一带的人同样称作父。

这两个县在大别山区，出了山，紧靠长江的广济和黄冈两县又有区别。前者将父亲叫做爷，叫母亲时用的是地地道道的姨。

广济人更有一种奇妙的称谓，未婚的年青女子被他们叫做妈儿，妈字的阳平音加儿化音。这样的称谓，每每让周围那些县里的年青女子害羞不已，同样的语词，同样的发音，所指的却是女性乳房。后者更奇，母亲被叫做咩，父亲则被叫做伯。民间代代相传，之所以这样叫，是因为担心生下来的儿子不好养，万一有前生前世结下的冤家，变做鬼魂前来寻仇，好使其分不清人与人之间的嫡亲关系，而无从下手。一句称谓，透露出内心深处类似黔驴技穷般的无奈。但在那些置身度外的人的眼里，却成了不光彩的伎俩。

汉楚地域方言实在太多，每个县有每个县的特殊说话，甚实在同一个县里，上乡的人听不懂下乡的人说什么。一个地域的方言变化太多，会让外来者觉得无所适从，这显然是清王朝派到汉楚地域的大员张之洞，慨叹“天上九头鸟，地下湖北佬”的前因后果之一。这一点，可以从我们故意用所谓“英语”招唤服务员时，堆积在服务员脸上的疑虑与防范中得到印证。

相聚的时候总有许多失落的往事回忆不尽。那条当年的战备公路，多数路段是由乡土老家的人修筑的，只有那些使人望而生畏的地方，浙江佬才能大显身手。据此断言乡土老家的人不勤奋不勇敢，显然与事实不符。况且在随之而至的修水库，改河道，挖水渠，等等被政治高压所驱使，企图改天换地的生产活动中，乡土老家的人甚至凿开了更高更险的山山岭岭。当然，说到底他们做这些事情时，是被动和不情愿的。

那位叫张之洞的大员不经意间说的一句话，被一代代的人当了真，弄得天下人都以为这地域上的芸芸众生个个都是人精。乡土老家有句俗话：灵醒人从不说别人苕，苕的人从不说别人灵醒。诸如此类，当他们说浙江佬苕时，难道不是正在暴露自己本性中的苕吗？说到人精，有句在省内长盛不衰的话：奸黄陂，狡孝感，又奸又狡是汉川。黄陂、孝感、汉川三县，正好围绕着位于武汉北边的汉口、汉阳两大城区。汉口六渡桥或汉正街的居民，被公认为最正宗的武汉人。他们的前两代或三代，大多来自这几个县。那些没有在城内定居下来的人，也逐渐养成了靠城吃城的习惯，做起生意来，一点也不亚于城里的人。按照无奸不商的古训，既然入了生意门，就不应该将此生意人和彼生意人区别对待，在日常的历史中不管是礼遇，还是非礼遇，彼此都应该平起平坐。事实上却不能，这些亦农亦商的人，天生比只会坐店堂的城里人更能吃苦耐劳，不管生意大小、路途远近，只要有赚的就一定肯做，特别是黄陂人，走到哪儿聚在哪儿，硬是在汉语语汇里创出一个相关的歇后语：

无陂不成镇，无陂不成市。

溯江而上，离武汉不到二百里，还有一个更厉害的县份，从前叫沔阳，现在改称仙桃市。沔阳是省内少数与前面几个号称人精的地方有得一比的县份。从性情上看，沔阳人更像吉普赛人。前两年曾经在一本杂志上读到，在俄罗斯的后贝尔加湖畔，居住着一群至今仍将沔阳话讲得十分地道的沔阳人。这些早已入俄罗斯籍的沔阳人，记得他们的祖先如何敲着三棒鼓，以沿途给人挑牙虫为生计，一步步地走完这千万里路程。

也是奇怪，不管是在汉楚本地，还是在外部世界，做小生意时的取巧会招来说不尽的骂名，挑牙虫则不会，哪怕后来明白是中了骗局，人们也是一笑了之。再也没有谁去大肆传播，要其他人接受教训，不要相信那些唱渔鼓的人说自己嘴里有什么牙虫。沔阳人也不明白自己如何一走就走到天远地远的俄罗斯腹地，好像惯于想事的心眼一点作用也没有，往哪里走全凭一双脚拿主意。

不随波逐流，不趋花向柳，所有与历史世事的契合，都是因为偶然中一时兴起，看上去几乎就是机会主义盛行，随风而去，随遇而安，实际上是受随心所欲驱使，那些既成事实往往包含着许多同自己过不去的成分。有谁还在这种后现代思潮风行的时代，仍在惦记着要纠正当年自己得到的造反派结论之名?

那一年，在汉楚之都，一个拥有百万之众的组织，愤而将中央文革的几个要员抓了起来，惹下被称作“七二〇事件”的燎天大祸。事情的发端只不过是该组织梦寐以求地希望能够获得所谓左派即造反派的名分。三十几年过去了，这些人还没想明白，回过头来又要求有关方面为其平反，声明他们当年不是造反派，而是保皇派。当年被这个组织抓获的那几个人，就是将这个组织当作保皇派，而险些被万众踩成肉泥。

有这样一个笑话：一位女子在公共汽车突然打了身边男人一耳光，过了一会，女子又打了男人一耳光。女子下车后，旁人问起来才知道，男人发现女子短裙背后的拉链开了，便好心好意地替她拉上。男人因此挨了第一个耳光后，一边生气，一边自省，既然帮女子拉上拉链是不对的，那就应该让其恢复原状，没想到又挨了一耳光。想一想，这一实一虚两件事，难道不是异曲同工。有时候，汉楚之人就是这样为人处事。

记得年幼时夜间乘凉，听大人们反复讲述四个不同地方的人在一起比赛吹牛：河南人先说，河南有座少林寺，离天只有一丈一；随后的陕西人说，陕西有座大雁塔，离天只有八尺八；排在第三的四川人说，四川有座峨眉山，离天只有三尺三；湖北人最后说，湖北有个黄鹤楼，一半伸在天里头。湖北人一说完，独自将别人输的酒肉全吃了。

汉楚地域上的人向来乐意别人说自己精明，并且普遍地瞧不起地理上的北方近邻。其实，不用放进更大的环境里比较，就在中南几省，出武胜关往黄河边上走，沿途遇到的那些声声叫着吃大米肚子疼的人才是真人精。想要汉楚之人承认这一点却很难，哪怕在现实中碰得头破血流，心里明白得像是点着了灯，嘴里还是说不出来。

汉楚地域上，要水有水，要山有山。水是名水，譬如洪湖、汉水和清江。山是名山，譬如武当山、神农架和大别山。那一年，从西安来的一位朋友站在东湖边大声惊叹，这哪里是湖，分明是大海！没有海，却有许多海一样的浩大湖泊。大智若愚，大巧若拙，这样的功夫才是真了得。北方近邻用多年泛滥的黄河雕塑出一种仿佛与生俱来的悲怆，再用水汪汪的眼睛闪烁着干旱至极的无助。汉楚之人，假如同样擅长承接天地日月精华，武当山之仙风道骨，神农架之古朴沧桑，大别山之春华秋实，汉水之温文尔雅，清江之纯粹无邪，洪湖之富庶怡然，如此等等，随手选来，哪一种形象都能远远胜过那只强加在头上的“九头鸟”。说不上是不愿意用，还是不会用，到头来，单就外表来看，汉楚地域上，男性普遍缺少特质，女性的遗憾更甚，除少数生长在与外省接壤的山区里的女性，多数女性，或者更直率地说，绝大多数女性都是天生丽质一说的陪衬者。

与外表憨厚的北方近邻相比，生活在汉楚地域的人偏爱将仅有的那点精明，当成一种得意、一种炫耀，率性地表达在脸上。不知情的人，至今仍在将那条汉正街当成汉楚地域的脸面。想当年汉正街首开小商品自由贸易自主经营之先河，从南到北，从东到西，有多少地方比照着这里的模样，或者照本宣科，或者发扬光大。

春常在，人空瘦。到如今，整条街上生意依然红火，坐在后堂盘算的店老板大多换成了那些曾经在鄂东大别山区开山劈路的浙江佬。并不是本地人亏了血本难以为继，就算是个苕，在汉正街做生意也不会不赚钱。只是赚到一定程度时，他们就觉得够了，在别处买套房子，腾出那些黄金地段上的房屋，租给永远也折腾不够的浙江佬。靠着浙江佬所付的房租，每天里邀上三五知己在一起打上四个风的麻将，散局后再喝一顿靠杯酒，说不上是看破红尘，也没到游戏人生的境界，真正的理由很简单，他们喜欢这样生活。

这样的情形在汉楚地域上已到盛行之势。在那些星罗棋布地绕着都市的小城小镇里，说起来，大家都在慨叹日子过得清苦，可是，大大小小的麻将馆里莫不是人满为患。能行乐时当行乐，得逍遥时且逍遥，这样的人精自然是此中极品。汉楚地域上的人如果也像生活在青藏高原上的人那样，早早悟透人生，自然能活得不同凡响。偏偏他们只是率性而为，做事论事，大多凭一时好恶，性情所致，慎思不及。张之洞所言及的以及后人对其理解的，恰恰与此相悖，差之毫厘，谬以千里，没有看到汉楚之人本质上贪欲有限。即使是做成了事，大多是为了做而做，至于为什么要做，做了又须达到何种境界，他们是不会去深思熟虑审慎为之的。

性情中的汉楚之人天生喜好先天下之乐而乐。

说汉楚地域上多是性情中人，还有语言可作佐证。汉楚方言，语调多为高开高走，即所谓的高腔高调。听上去只有喉音，等不及像北方人那样让心里的话经过腹腔，回绕一下再说出来，因而总显得尖锐有余，忠厚不足。这一点又以江汉平原和四周丘陵地带的人为最甚。深究其中，也没有别的理由，无非是不愿压抑自己的性情，久而久之自然成了习惯。在真实生活里，汉楚之人极难做到比赛吹牛所形容的，耐着性子，将一剑封喉的绝招留到最后。只要有了要说的话，哪怕别人正在说，也要插进去，先将自己的意思表达出来。这其中，最著名的汉楚人物，古有西部秭归县的屈原大夫，今有北部郧县的杨献珍、东部浠水县的闻一多和蕲春县的胡风教授。别人正在津津乐道，老先生们硬要多嘴多舌，横插一杠子，结果能好得了？性情中人，好则好矣，不好起来一个比一个下场悲惨。最近中部监利县又出了一个颇有相似之处的乡镇干部，抢着说了些乡村现状的大实话。幸运的是时代不同了，性情中人所做的性情之事，开始得到一定程度上的宽容。

性情中的汉楚之人天生善于先天下之忧而忧。

汉楚地域的东西两端，有两道名菜。一道菜叫懒豆腐。这是宜昌一带的叫法，在恩施一带则称其为合渣。顾名思义，这是懒人用懒办法做成的豆腐。它省掉了过滤、点卤、煮沸、冷凝后挤压成形等工序，将泡好的黄豆磨成粗浆，直接放进火锅，加入一些当地出产的时令山菜和腌制小菜，煮好即可。看上去其貌不扬，吃到嘴里味道鲜极了。另一道菜严格说起来并不叫菜，却在汉楚东部山区广为流行。无论天热还是天冷，一边做饭做菜，一边将灶里烧剩下的劈柴或者松枝用火钳夹出来，放进一只炉子里。偶尔家里有人生病，也会用这炉子来煎药。通常情况下，这样的炉子是用做烧吊锅的。炉子随后会被掇到桌面上，再将一只黑乎乎的吊锅架上去。吊锅里别无他物，只有滚沸的半锅清水和几只翻腾起伏有红有黄的腌辣椒。等到该坐下来的人全部围坐下来，说声吃饭吧，并不是先动筷子夹菜，而是将放在吊锅四周某一碗炒得好好的菜，倒进吊锅里。无论什么菜，最终都是一样地倒进吊锅里。各种各样的菜，烩在一起，味道好到无论菜有多少，都会吃个精光。汉楚之人内心崇尚的正是此类的简单生活，需要像下棋时长考一样的思想并非其长项。

得益于地理上的优越，在汉楚之人的行为里，诸多事情，只要像懒豆腐和吊锅那样，依一时性情随手处置就行。曾经有人建议汉楚之都武汉，有无市花无所谓，市香是万万少不得的。建议的市香是热干面的芬芳。每天早上，这座城市的街头巷尾，公共汽车和出租车内，各种写字楼，甚至星级宾馆里，只要有人就一定有热干面的印记。在汉语言所波及的地方，从来没有哪个地域会像汉楚之都武汉那样，假如没有热干面，男女老少宁可将空气和白开水当早点。深究起来，热干面这东西，也是随手之作。同饮一条长江水，往上有四川的担担面，往下有上海的阳春面，当中的热干面，正好取了二者味道的平均值。难怪汉楚之人爱说，性情中人自有天地垂青。

天生的湖北佬，每逢历史大起大落，总有一些蹊跷事落在头上。

说句天大地大不着边际的话，如果真有谁能主管人间命运，那家伙是不是犯糊涂了。因为，相同的赏赐，只要给别处，莫不做出惊天动地的篇章。

譬如说黄梅戏，乡音乡情浓得用水都化不开，却没有办法在本乡本土活下去，顺风顺水流浪不过几百里，踏上安庆码头后，忽然间江南江北莫不为之倾倒。同样是戏曲，当年演习汉剧的罗田弟子余三胜出武胜关北上，一不小心就让深植于北方大地上京剧变了样。如今的京剧，随处都能听出汉剧的韵味，被抑扬婉转的汉调皮黄等调式丰富过的京剧，唱念中理所当然地带上了许多汉楚地域的方言。作为京剧母本的汉剧，说气数已尽当然不符合事实，理解她并接受她的人越来越少却是不争的事实。在诸多省份里，汉楚之人是乡土观念最淡薄的。别处的人，在本土之外见到本土之人，总会有各种各样的表达亲密的方式。在乡亲与非乡亲中不作区别的，恐怕除了汉楚之人再也找不到第二例。黄梅戏走了也就走了，京剧得了汉剧的精华也就得了。当地人似乎也习惯于这样。当时不说回报，尔后更想不起来。

汉楚之人最可爱的秉性是敢为天下先。受命于危难之际的张之洞，正是有此基础，才有在汉楚地域上将国家大事做出个新气象来的决心。近代史上著名的汉阳造步枪，近代史上著名的汉阳铁厂，近代史上著名的大冶铜矿，像明珠一样让中华文明的近代史熠熠生辉。著名归著名，此后的一百多年里，最早为中华民族前程大计发起工业文明启蒙的汉楚地域，反而离工业文明越来越远。一百多年后，一个叫格里希的德国人，破天荒地当上了汉楚地域一家国有企业的厂长，由此引发的震荡，再次演化为近代中华文明史上最大规模的体制变革。在这种牵一发而动全身的彻底性面前，弄过潮的汉楚之人，出乎意料地再次退居幕后。心不甘，情却愿。格里希走了，转瞬间，汉楚之人就从后工业文明的雏形里退出来，回到自给自足、自娱自乐、将曾经的启蒙置之度外的混沌状态。

在外人看来，这样的事还不足以令其扼腕长叹。那些将学问做得越来越浪漫的人，最不能容忍的事情是，整体实力在公元前足以称为超级大国的楚国，居然被各方面相对落后的秦国灭了。留下一个天大的疑问：假如当年不是由秦国、而是由楚国来统一中国，中华民族的历史会不会更加光彩？在此之前，中华民族都是通过尧、舜、禹等新生的先进的力量，对旧王朝的更迭，来实现国家整体的进步。相比于其他王侯领地更具浪漫气质、更注重张扬人性、在其时的现代性上更能代表社会进步方向的楚国，为中华民族史上开了最恶劣的先河。随之而来的千年经历，多少王朝竟然一次次地仿效这种恶劣，以一国之泱泱，三番五次落败于生产力相对落后的北方游牧民族。衰落再衰落，最终几乎成了列强们的殖民地。

汉楚之人实在不是那么容易说得清楚的。楚国人本应该在由奴隶社会向封建社会的转型中成为主宰，最终的历史烟云只让它扮演一名优秀的配角。说性格主宰命运，显然无法涵盖其中太多的内容。否则，在楚文化风风光光地沉沦的背景下，历史就会因此而生偏见。事实上，历史对汉楚地域的垂爱十分显而易见。经朝历代，最早从楚国废墟上建立起来封建社会的大厦，面临同样的土崩瓦解。又是汉楚之人，仅仅发起一场仓促得不能再仓促的武装起义，就超越了北方南方那些经过周密策划的暴动，并宣告了封建社会最后王朝的覆灭。区区数百人，没有真正的领袖，没有真正的纲领，事成之后，这些起义者竟然还得用枪逼着那位事发之际仍在效忠清王朝的黄陂人黎元洪来领导自己。历史就是如此不可思议！黄兴和孙中山，是何等的魅力，何等的能力，人中伟杰的他们几经生死也没做成的事，由一群毛头小子一夜间实现了。在这里，天降大任于斯人已经不能说明具体事件，而应该说成是，天降大任之际，成也性情，败也性情！想当初，在遭遇到来自秦国的灭顶之灾后，楚南公曾抱恨说出一句惊世骇俗的话：楚虽三户，亡秦必楚！事隔十四年，有楚人陈胜、吴广揭竿而起，间接导致秦朝的灭亡。历史上的楚人是广义的，陈胜、吴广如今成了河南人，算不到汉楚之人的账簿里。起始于秦，终结于清的千年封建王朝，到底还是被汉楚之人所埋葬，也可以算做是楚南公当年所言的一种印证。

每个地域的人格，自有每个地域的生存考验，历经千代万代才形成。汉楚地域上人格的传承，必然会受到山水地理的潜移默化。长江浊，汉水清，南风吹来酷暑，北风吹来严冬，四通八达的陆路和水路，长年往来着五花八门的人众。当年的毛泽东，自从离开湖南老家后，汉楚之都武汉是其在京杭之外住得最多的地方，光是东湖边的一处居所，就光顾了二十六次之多。按照西方人的理解，在性格上，毛泽东是一个不太好相处的人，所以，哪怕是出生入死的战友，最终都没有办法不同他闹翻。汉楚地域上究竟是什么风物让毛泽东情有独钟？天下山水难说汉楚最好，天下物产难说汉楚最丰，天下人性难说汉楚最佳。也许吧，天马行空独往独来的毛泽东，于孤独中另有一种对内心少有禁忌的性情中人的喜欢。也许吧也许，哪个至死也不肯承认自己是河南新县人的许世友，就因为不肯改变世代形成的汉楚性情，才被毛泽东特许，可以带枪进中南海，可以生前忠于共产党，死后孝敬老亲娘。性情中人就像溶解温度为摄氏三十七点五度的纯巧克力，入口就化，其亲和感没有丝毫强加的意思。地理上的汉楚处在五湖四海中央，三教九流涡底。天设地造时，就已经命中注定要为东边的太阳，西边的月亮，去北的鸿鹄，往南的鸥雁们充当中间站。这是最吃力不讨好的差事。人家累了，心里想像的是能得到五星级的服务。天下只有一个汉楚，那么多人事川流不息地到来，得到好处的没事，感觉没有善待的当然会在继续上路后，将自己的抱怨川流不息地播撒出去。如今的巧克力越来越不可口，是因为越来越多的非巧克力被注入到巧克力里。汉楚地域上的许多败笔本是外来者留下的，很难想像，旅行者会将沿途产生的物质与精神垃圾，一粒不落地背负到终点，将其抛在汉楚这块最大的人事聚散地上，就成了理所当然的选择。汉楚之人是由长在赤道南北二十度纬度以内的可可树上所结果实所制作出来的纯巧克力，汉楚之人的性情是可可豆中所含的化学物质苯乙胺，只要喜欢，它就会刺激人体释放出使人倍觉愉悦的另一种化学物质多巴胺。思想庞杂意图超越古今指点江山未来的毛泽东，回到日常当中，愿意同思想清澈的性情中人相处，则是自然而然的事。

汉楚之人的无意为之，恰好契合了西方人所说的，巧克力应当醇厚，思想应当清澈。

汉楚之人一次次地浪费了历史给予的机遇，历史又一次次地重新赐给新的机遇，其中预示什么，它的神秘性在哪里，恐怕还得让未来作证。

贰·城市

广 州|唐诗的花与果

一个人怎么会在心灵中如此迷恋一件乡村之物?

这种感觉的来源并非是人在乡村时，相反，心生天问的那一刻，恰恰是在身披时尚外装，趴在现代轮子上的广州城际。那天，独自在天河机场候机时，有极短的一刻，被我用来等待面前那杯滚烫的咖啡稍变凉一些，几天来的劳碌趁机化为倦意，当我从仿佛失去知觉的时间片段中惊醒，隔着热气腾腾的咖啡，所看到的仍旧是挂在对面小商店最显眼处那串鲜艳的荔枝。正是这一刻里，我想到了那个人，并且以近乎无事生非的心态，用各种角度，从深邃中思索，往广阔处寻觅。

那个人叫石达开。这一次到南方来，从增城当地人那里得知，习惯上将这位太平天国的著名将领说成是广西贵县人，其实是在当地土生土长，只是后来家庭变故，才于十二岁时过继给别人。十二岁的男孩，已经是半个男人了，走得再远，也还记得自己的历史之根。传说中的石达开，在掌控南部中国的那一阵，悄然派一位心腹携了大量金银财宝藏于故乡。兵匪之乱了结后，石姓家族没有被斩草除根，只是改了姓氏，当地官府甚至还容许他们修建了至今仍然显得宏大奇特的祖祠武威堂，大约是这些钱财在暗中发挥作用。身为叱咤风云的清代名将，对于故乡，石达开想到和做到的，恰恰是乡村中平常所见的人生境界。

岁月不留人，英雄豪杰也难例外。增城后来再次有了声名，则是别的缘故。因为有了高速交通工具，这座叫增城的小城，借着每年不过出产一两百颗名为挂绿的名贵荔枝之美誉忽然声名远播。那天，在小城的中心，穿过高高的栅栏，深深的壕沟，站到宠物一样圈养起来的几株树下，灵性中的惆怅如同近在咫尺的绿荫，一阵阵浓烈起来。

不管我们自身能否意识到，乡村都是人人不可缺少的故乡与故土。在如此范畴之中，乡村的任何一种出产，无不包含人对自己身世的追忆与感怀。正如每个人心里，总有一些这辈子不可能找到的替代品，而自认为是世上最珍贵的小小物什。乡村的日子过得太平常了，只要有一点点特异，就会被情感所轻易放大。乡村物产千差万别，本是为了因应人性的善变，有人喜欢醇甘，也有人专宠微酸，一树荔枝的贵贱便是这样得来的。因为成了贡品，只能是往日帝王、斯时大户所专享，非要用黄金白银包裹的指尖摆着姿态来剥食。那些在风雨飘摇中成熟起来的粗砺模样就成了只能藏于心尖的珍爱之物，当地人甚至连看一眼都不容易，长此以往当然会导致心境失衡。

从残存下来的历史碎片中猜测，十二岁之前的石达开，断然不会有机会亲口尝到那树挂绿的甜头，如能一试滋味，后来的事情也许会截然不同。乡村少年总会是纯粹的，吃到辣的会嘬着嘴发出嗞嗞声，吃到甜的会抿着嘴弄出啧啧响，率性的乡村，没有爆发什么动静时，连大人都会不时地来点小猫小狗一样的淘气样，何况他们的孩子。石达开甚至根本就不喜欢荔枝，在这荔枝盛产之地，如果他尝过所谓挂绿，只要有机会，便极有可能用其掉换一只来自遥远北方的红苹果。事情的关键正是他缺少亲身体验。绝色绝美的荔枝，或许根本就是地方官吏与前朝帝王合谋之下的一种极度夸张。小小的石达开想不到这一层，而以为那棵只能在梦想中摇曳的荔枝树，那些只能在天堂里飘香的挂绿果，真的就是益寿延年长年不老之品。

是种子总会在乡村在发芽。难道就因为位尊权重，便可以堂而皇之地掠走乡村的心中上品？后来的石达开，一定因为这样想得多了，才拼死相搏，以求得到那些梦幻事物。后来的石达开，得势之时还记得这片乡村，难道没有对少年时望尘莫及的荔枝挂绿的回想？

现在的据说是用石达开捎回来的财宝修建的宗祠的屋檐上，至今还能见到“当官容易读书难”的诗名。当年不清楚的事情，留待如今更只有猜度了。正是由于如此之难，更可以让人认为石达开当然吟诵过杜甫的名句。那些开在唐诗里的乡村之花，一旦与历史狂放地结合，所得到的果实，就不是只为妃子一笑的一骑红尘，而是一心想着取当朝而代之的金戈铁马万千大军。

没有记忆，过去就死了，不得再生。没有记忆，历史就是一派胡言，毫厘不值。没有石达开了，没有挂绿，荔枝总不至于不是荔枝了吧？将唐诗当作花来盛开，最终还得还以唐诗滋味。这样的荔枝才是最好的。

武 汉|武汉的桃花劫

有一张照片，是我们家的，上有三个人：父亲、母亲和弟弟。

如今父亲母亲早已老态龙钟，弟弟也因单位的破产早早披上岁月的沧桑与无奈。十一月二十七日上午，九江和瑞昌一带的地震余波殃及湖北。我着急地打电话回去，问他们的情况如何。弟弟从前开着一辆桑塔纳轿车，单位的破产申请被接受后，那辆公车就被银行查封了。因为还有一点事做而被称为半待业的弟弟，在电话里语气之平静，分明将地震当成了曾经驾驶着那辆桑塔纳轿车所遇上的坑坑洼洼。

照片上的弟弟也看不见有多少意气风发。那一年弟弟刚刚出生，抱着他的父亲和母亲，却是春风满面，笑容可掬。在他们身后注定要闻名于世的一座桥头堡高高耸立着，从那些纵横交错的钢梁中，隐约看得到一种显然不是桥梁的身影。虽然没有足够的证据，我们还是从小就将藏在钢铁丛林中间的这个影子，当成一列正在桥上飞驰的火车。同样也是没有证据，我们非要认为父母们的笑意中，与弟弟相关的成分只是由于不得不抱着他，其余的全都献给身后这座象征着那个时期精神与物质生活的庞然大物。

中国文化中有物竞天成、顺其自然之学说。在日常现实当中，除了那些多得不能再多的逆来顺受，以及发展下去就会关系到自身的事情面前，保持一种只管自家门前雪不顾别人瓦上霜的装聋作哑掩耳盗铃姿态，真正具有天然特征的便是那些俨然因时因地随口取得的人名和地名。这座桥建在长江之上，因为地点是在武汉城区之内，将其叫做武汉长江大桥是任何人都能想到，不会产生丁点惊艳效果的下意识的事情。

纵观我们的历史人文，仅从那些普遍习惯的姓名上，就能体会到一些带有教义色彩的纪念词。譬如“唐”的使用，譬如“汉”的流行，譬如国内政权在一九四九年发生重大更迭后而让许许多多的人取名为“国庆”与“解放”。万里长江上的第一座大桥是一九五八年建成的。也是那一年出生的弟弟，与太多的同龄人一样，被情不自禁的父母们取了一个与这座桥相关的名字。

一九九四年前后，武汉这座城市在迫不及待的现代化进程中，有过不肯顾及个人隐私的短暂时期。那一阵，不管愿意和不愿意，只要交钱安装住宅电话，其电话号码必定会被公开在那本厚厚的黄皮书中。少数提前意识到隐私权受到侵犯的人，也只能无可奈何地羡慕那些拥有汉桥、大桥、新桥以及美桥、艳桥、爱桥等名字的人，还酸酸地说，那些人的父母大人太有先见之明。当年出版的电话号码簿，让人叹为观止的不是电信部门的蛮横霸道，而是其中动辄十几页和几十页地连接在一起同名同姓的那些人。一页接一页的“李汉桥”、“王汉桥”、“张汉桥”；一页接一页的“李大桥”、“王大桥”、“张大桥”；一页接一页的“李爱桥”、“王爱桥”、“张爱桥”。如此等等，电话号码簿上的百家姓中，所有姓氏里都有人在一九五八年之后，因为长江大桥的建成所产生的共鸣，而获得一个用“桥”作为后缀的名字。形容铺天盖地有些夸张，只说漫山遍野又有点不到位，电话号码簿上那些连绵不绝的相同名字汇聚到一起后，平添一种大隐隐于市的味道，反倒将个人隐私置于更加秘密的迷魂阵中。

在没有长江大桥之前，武汉是一座不完整的城市。由于大江大水的关系，管治这座城市的政治机器总要比别处多一层复杂。八年抗战之初，民众所呐喊的“保卫大武汉”也只是一种泛地理称谓。一九五一年之前的武汉，多数时候只是一种概念。而作为一座城市，它一直在时废时存中变迁。江南是武昌，江北为汉口，各有各的纵深，各有各的供给，这样的自然分治也是无话可说的。那一年，在欧洲小国斯洛伐克首都布拉迪斯拉发郊外的一条界河边，对岸的奥地利垂钓者一次次将鱼钩抛过河流的中间线，不用说我们的陪同，就连巡逻的边防军人也都熟视无睹。作为地球上屈指可数的河流，长江有将欧洲的全部界河加在一起也比之不足的理由，成为不同人群之间的天堑。如果没有一九五八年的桥，至少那个在一九五一年正式宣布成立的武汉市，也许依然要在存与废的历史选择中反复轮回。

从概念中的武汉，到实体中的武汉，其过程一如人之初信口叫来的大毛或小妹等等名，慢慢过渡到正经八百所取的学名。乳名是非常具有亲和性的，然而人的生涯越往后，越是觉得它的虚弱。而那些从乳名中生长出来的学名，才是相伴着酸

昔日一次次咬断船桅的活生生的浪头，在现代化的高坝面前无可救药地变得平淡无奇；昔日一场场考验男性胆略女性意志的水道，在迈向平庸的舒适里心甘情愿地消沉了自我。

岁月倥偬，时光如尘，多数来历亦真亦幻，却归于了一统，或位列神话仙班，或藏于人云亦云。

不管我们自身能否意识到，乡村都是人人不可缺少的故乡与故土。在如此范畴之中，乡村的任何一种出产，无不包含人对自己身世的追忆与感怀。正如每个人心里，总有一些这辈子不可能找到的替代品，而自认为是世上最珍贵的小小物什。

就像任何一座桥的诞生，看上去是人对河流的超越与征服，其内心深处共鸣的反而是人对自然的顿悟与臣服。

因为明了历史的沉重，因为懂得既往先哲前贤的不语，越是身在人群，越能清晰地听见孤零零激荡江涛的脚步声。

庄严常在，高贵难修。得失之间，悲喜之际，经常是最微小的失当就使人前功尽弃。

有轰鸣，但无浑浊，很清静，却不寂寥。狂放过后是沉潜，激越之下有灵动。

长江中下游两岸绵绵不绝的梅雨时节，无论是在家里，还是在办公室，没事时宁可站着，只要不坐在椅子上，就是一种幸福。

甜苦辣直到终老的真实。由武昌、汉口和汉阳三镇联系而成的武汉，从来不乏名胜：知音琴台、白云黄鹤、清心东湖、禅意归元——哪一处不是诗画情浓人文春秋。化入姓名的也都不绝如缕，却难比一梁一柱打造而成的那座大桥。

弟弟的名字与前面说过的那些略有不同。在他自立后的最初几年，曾经将自己的名字改了一半。父亲给他取的名字中也含有“桥”，那一阵他却在各种不同的书写背景下，将“桥”的前面那个怎么看都有嫌俗气的字，改写为与之谐音，但要文雅的另一个字。弟弟没有同我提起过为何要将自己的名字改一个字，也许是因为那个字太平凡，太普通。这也是我曾经的想法，那时候，我一直悄悄地认为父母亲是在媚着那个时代的意识形态之俗。

不晓得生活在这座城市中以桥为名字的那些人，是否像弟弟那样萌生过改名的念头。弟弟的修改尚且没有动摇他那名字的本意。如今的弟弟已到了连地震来临都能处世不惊的境界，当然不会再去为用了几十年的名字耗费脑力。就像任何一座桥的诞生，看上去是人对河流的超越与征服，其内心深处共鸣的反而是人对自然的顿悟与臣服。也只有这样去想，才能明白为何武汉城市中人，不理古典，独尊新桥，实在是因为这座桥是长久以来人们心中普遍存在的一个情结。

一如日常当中大家最爱说，人一旦犯了桃花劫，绝对没有躲避的可能。被长江所阻隔是武汉的天命。对一座城市的四分五裂，何尝不是一段婚姻的分崩离析！当然，命运又用一种解释说，桃花劫虽然不可避免，却有可能化解为桃花运。如此就能将生死之劫因势利导地变化为不会伤及身家根本的情爱之运。武汉的流水上从来不会有桃花汛，那些远来的花瓣早早就被远处的波涛吞没了。作为城市的武汉，它将越来越多的二桥、三桥、四桥、五桥……直到现在正在建的该是排到两位数的桥，当成了这大江之上流不走的桃花。所以，不管这联想是不是太牵强，桥的出现，让城市的地理劫难真实地化解为一种可爱的时运。

城市的浪漫

资料里说，我所居住的城市武汉有一百几十座湖泊，可是现在能统计出来的只剩下二十几座了。守着一条十万年也不用愁它会没了的长江，有得水喝有得澡洗，很多年里我们浑然不觉它存在的意义，直到九八年那场大洪水铺天盖地而来时，大家才突然想起湖泊的好处。可那么多的湖泊竟然不见了，连一片水洼一丝雾气也没留下。结果只好让洪水涌上街头，使汽车在浊浪中飘浮成船舶，使大街在儿童的戏水中异化为游泳场。回想起来湖泊的消失曾有一个较长的过程，因为久了也就司空见惯，甚至还没等到它消失，就不大记得它波光粼粼的样子，以为它本来就是这般模样。湖泊毕竟不是自己家的水盆水桶，什么时候丢失了，心里都有数。花多大价钱，去何处重新买回也心中有数。湖泊变成历史资料、变成由一座座高楼垒起的碑记深处的往事，我们才想起来，然后开始寻找造成湖泊丢失的原由和肇事者。

实际上丢失湖泊的事主是我们每个人，因为湖泊事关一个人的性情。

没有湖泊的城市性情总难天成。就像日常里见到的一些女子，纹细了眉的妩媚，搽厚了唇的炽热，填高了胸的丰满，见着了也能心动。城市失去水色以后，宛若一个五年病龄的萎缩性胃炎患者，只能在朦朦胧胧、恍恍惚惚的夜色中假借着霓虹，掩饰光天化日之下的焦黄与土灰。用酒吧，用迪厅，用多星级的酒店咖啡，用比云彩色调还夸张的衣袂裙带，还有长街马路上视人群为无物的长吻，硬生生地撑起点缀起城市时空的浪漫。城市固执地用钢铁、沙石和水泥不断地膨胀着自身，千姿百态的湖泊被挤压成一条下水道加上一条自来水管，以此作为自己的血脉和肠道，那本该昂扬着的精神与气韵也被溶解在这些锈蚀斑斑潮湿的空间里。这样的无奈，决定了城市必须一刻不停地进行粉饰，以此来脱胎换骨。在电光人气的感染下，矫情的城市仿佛真的风流倜傥起来。我们都不喜欢矫情，可我们时常不能分辨这种东西，总是将它作了真情。霓虹灯下的美丽其实很靠不住，它不是真实，充其量不过是在暴发的物质基础上的奢侈。

从远古进化而来的条件，决定了人的基因里永远包含着对水的依恋。城市的初始，何曾远离过河流湖泊！城市壮大了，人的雄心也起来了，湖泊再大再秀丽也只能乘上白云黄鹤飘渺西去。幸亏东湖比人的雄心大，也幸亏还有一条更大的长江，我们的城市才不至于彻底地失去迷人的神采，以及那些能焕发出浪漫风情的神经末梢。也许还因为这些江湖太出众了，最愚蠢呆笨的人都能感受到它那神韵的不可替代，从而将其改造山河的巨手挥向了别处。

一座西湖让杭州城的古今完全沉浸著名诗画里，一座东湖更让武汉三镇英姿横空出世。从西安来的一位朋友面对着我们的东湖，就像我们面对大海一样，他喃喃地说，这那里是湖，分明是海嘛！那一刻里我突然很惊慌，如果没有东湖别人还会为这座城市惊叹吗？在香港，我曾经在不同的光艳下数度长时间地打量着那闻名于世的浅水湾。最终的结论只有一个：真正动人的是那一湾多彩多姿的海水。水的浩荡壮阔让城市总在引为骄傲的那些矫情的东西变得微不足道，仿佛虚化了，林林总总的建筑物看不大清楚时，反而获得了它本来没有的灵魂，并使那只是为了扩大消费的浪漫城市，变成了能够驱动精神的城市浪漫。在浅水湾在西湖我都曾遐想，如果城市的湖泊没有消失，一处处的浅水湾也许就在我们的街头巷尾。没有湖泊的城市里，女人往身上喷洒再多的香水也闻不到自己的芬芳，她们想不通香港那儿流行的品牌，为何在自己身上不吃香，她们朝思暮想遥望南方，就是没想到宽阔水面升腾起来的甘露，是香水必不可少的催化剂。

一座湖泊是城市的一双秀目！

一座湖泊是城市的一窝笑靥！

一座湖泊是城市的一只美脐！

对于城市，湖泊是一封永远也读不够，越读越不懂，越读越深情的情书。一九九八年夏天，我在大连遇上一场空难，从破碎的麦道飞机里再生一样逃脱性命出来，内心深处的阴影让自己的目光看着哪儿都是可能的陷阱，举手投足之际虽然胆不颤心不惊，却也离此不远。那样的时刻，朋友们拉上我去了远郊的道观河水库。多少年没有见过这么好的水，蓝处像蓝，绿处像绿，纯洁就是纯洁，情愫就是情愫！水面很宽，那天早上，船将我们载了几里后，一群男人打赌看谁能游回去。突然之间我站起来扒光了衣服，在众人的一片拦阻中，越过船头跃入水中。后来我一直在想到底是谁驱使我如此冲动！大湖大水对我已是久远的感觉了，很多次在遥望它们时我甚至认为自己已经不太可能有横渡的能力了。事实的结论是我并没有太为难自己就做到了。独自从岸边的水里站起来，心中的阴影已经不见了，回望那已成彼岸的模糊景物，蓦然觉得从此什么样的艰难险阻也挡不住自己。水性的一切太有魅力了，城市也是如此，有了湖泊作为灵气，千里万里千载万载也有人潮奔涌而来。为水而去的人，水最终送给了我们一世绝代的情缘。

浪漫本是生命体之间互为区别的光彩之处，城市物化的遮蔽，消褪了它的本色。一群群人行走在大楼与大街之间，无论怎样地特立独行也还是各类人在各自环境中所扮演的角色。所有的洒脱早就在这类角色的确定之中。只不过有了某种法则的规范，但凡在这合适的空间里，明丢一个媚眼，暗赴一个约会，就都被归在浪漫的范畴里，让浪漫成为一个冠冕堂皇的借口与托词。回头再看那位用诗的意境来设计一个国度的毛泽东先生，对长江的十二次横渡，何止是极目楚天舒！在那些被江水泡着的时间里，只有将他认作是一位浪漫王子，才能从道理上说得过去。这一点正是他从此不被人忘记、不被人混淆的地方。在阳台上听渔舟唱晚，出门数步就能凭着江涛闲庭信步。城市生活里应该重现往日湖泊的辉煌！不只是为了在洪水来时帮忙多蓄几场渍水。湖泊的清凉正可以平息城市虚火，抹去躁动，扬起真性情。好水如天命，面对水时人能感应到过去未来的真实与预兆，并将生命的底蕴焕发出来，这时，灵魂里的浪漫就可以同城市交融在一起。那样的城市会很动人，当然，那样的灵魂更动人。

杭　州|给少女曹娥的短信

下了从武汉开来的火车，杭州当地也是一样的春寒料峭。看看时间还早，便去西湖边的楼外楼，顶着寒风中的利刃，喝了一杯受到茶馆老板信誓旦旦保证正宗的龙井茶，才又启程。刚过绍兴，就到上虞。晚餐时，一群人依次围坐在一起，熟悉的少，陌生的多，大家都用自己想到的主题说话，留下许多断断续续的空隙，使我正好可以借助手机短信，与在一个连做梦都会浸泡在吴越文化里的朋友无声无息地聊了起来。我觉得自己新涉足的这块土地应该是她熟悉的。这时候是这一天的十七点三十五分。

我：这儿那条河最美？

她：曹娥江的某一段。

我：任何一段吗？

她：记不清了。离上虞宾馆不远。

我：好，我正在此。

她：如果下雨，就别去。别进庙，那会倒胃口。看你运气，能否遇到熟知传说的老人。别张嘴，用心听河水流淌，会有感悟的。一路走去吧。

我：穿一件黑风衣。

她：曹娥投江时穿一袭白衣。

我：我刚听说江上这时不涨潮。

她：当时也没涨潮，就在身上绑了一块石板。

我：别说了，我会醉在江上，解那千年之愁。

她：也好，醉了可以梦见你想见的投江人，听她何言。

我：我正饮着女儿红哩。我要多饮一杯了。

她：买一坛带回家，埋在银杏树下，女儿出嫁时开封，于是女儿得好运。

我：我最不想听的就是这话。难道你也不知，女儿是父亲前世的情人？

她：情人不是丈夫，你做你的情人，她嫁她的丈夫，两不误。

我：难怪如今洋人也不懂中国女人了，伤感伤心伤透心。

她：把你的泪水洒进曹娥江吧。

我：不，打落牙齿往肚里吞。

她：我怎么能不理解你？我离婚时，老爸说了一个字，你能猜出来是哪个字吗？

我：别让我猜了，情的事，最简单，也最复杂。

她：大笨蛋。

我：我不信父亲会这样说自己的女儿。

她：我老爸说的一个字是好。大笨蛋指你。

我：哈哈，其实父亲永远是女儿最爱的笨蛋。

她：这话应该倒过来说吧。每次看来你的短信就发闷，这么笨，还说自己是作家。

我：作家不假，但不是最时髦的手机短信作家。

她：短则如此，长也罢了。开玩笑喽，不许生气。

我：没，从有了女儿后，我就没有生过女孩子的气。

她：我要是与你共进晚餐的人，定会气晕，哪里是喝酒，分明是吃手机。

我：内存小速度慢的手机就是菜。

她：那就是说，谁跟你聊天，谁倒霉喽？

我：是呀，我们那里二十年没下冻雨，今年下了，将梅树冻倒不少。

她：打错了吧，看不懂哦！

我：就是说，人笨手机也笨。

此刻，饭局已经散了，一群人正走向某座茶楼。江南小城的雨夜格外幽静。我从已发信息中找出“曹娥投江时穿一袭白衣”这句话，看着它不断地在一半黑一半灰的索爱T618荧屏上闪烁，心里有了一种介于感动和震动之间的情愫。来自头顶的江南雨，声音很熟悉，溅在肌肤上的感觉也是那习惯中的冰凉。天气很冷很冷，是那种北方人闻之色变的典型的湿冷，出了门就像钻进冰窖里。对于一向身在南方的我，几乎一切都是十分熟悉的，唯有心里丛生了许多陌生。小城的夜生活非常火热，跳跃的霓虹灯，同时尚音乐一道炫耀夺目到处飘扬。待到天亮后，才赫然发现那条从手机短信流入心中的曹娥江，就在昨夜路过的高楼底下。

几乎是在目睹这条江的第一个瞬间，我就对事关这条江的传说，萌生了一个天大的疑惑，或者说是颠覆性的诘难。曹娥之于那些一代代轮回的历史，一代代重复的传说，爱，独立，自由，如此人生三大价值标准从何体现？都说蔡邕曾专程来此地拜谒少女曹娥之碑，可读遍史书，也只见到这位东汉末年著名文学家，仅以两句谜语形容其碑文是绝妙好辞；后来的李白，寻迹而来后，并留诗存证，如有沉吟只与前朝才子的黄绢谜语相关，其余文字全是嬉笑读之。孤傲狂放的李白这样做用不着多说，蔡邕则不同，他敢于不顾天子强令拒绝晋京，并借一部《述行赋》，抒发对豪门奢华民间疾苦贫富两极的满腔郁愤，使自己的文品，从习惯歌功颂德的汉赋中独立出来。所以，当蔡邕都不肯具体对少女曹娥进行评说，仅凭一些替官府和朝廷做事的人在那里高声吆喝，作为后来者，理所当然地要想一想其中奥秘与玄机。

我不是独自约会曹娥江。

也没有一步一步地走着去。

因为明了历史的沉重，因为懂得既往先哲前贤的不语，越是身在人群，越能清晰地听见孤零零激荡江涛的脚步声。或许是此时此刻的我在行走，或许根本与我无关，而是少女曹娥，被从内陆深处席卷而来的风风雨雨，被从杭州海湾呼啸着涌来的大潮大水，肆意戏谑，进不能进，退不能退，求生不得，求死不能的痛苦徘徊。

十四岁的少女年年都会有。一年一年的曹娥，不知活了多少个十四岁。相隔几乎有两千年，若不生出多一种的思想，我们将会愧对浩如烟海的逝水。柔弱细小的曹娥，赴死的方式并非与众不同，有江河的地方，有海洋的地方，有湖泊的地方，总也断不了因一念之差而投身水底以求解脱的男男女女，还有那一头扎进水缸将自己淹死的人，他们在面临人生本质的分野时，最终抉择只是大同小异于曹娥。偏偏只有曹娥的日常琐碎人生，一改世俗的善，一改世俗的美，一夜之间便升华为非神即圣。

一条江，长久以来并无改变，高山之上渺小的源起，大海之滨壮阔的总汇，还有那每一缕清流带来的滋润，每一朵浪潮涌起的富庶，任凭烟飞烟灭云聚云散，总也是人生常恨水常东。能被人来人往所改变的唯有名字。在舜的时代，这一带由青山舞动的绿水叫做舜江。舜之前，人们如何给它起称号呢？一定是有的，只是后来者不知道。某个时期的文化断裂，既剥夺了向后的历史，又虚化了往前的认知。就这条江而论，了解的，记得的，可思可想的，仅仅才几千年，然而，与生命共舞的每一条江，最不缺少的就是几十万年、几百万年、几千万年的漫漫过程！之所以一代代贤人大士披肝沥胆冥思苦想，到头来一如在海涂上，每有寻获，无不是一只只貌似美丽的泥螺，就在于看不到的东西太多太多。

从此江名到彼江名，貌似水到渠成画龙点睛。一旦眯起双眼，锁上眉头往深处看，忧国忧民的舜，何以摇身化为唯独以人伦之孝为至上的曹娥？传说也好，祭奠也罢，那些假借这条江的名义，突然变得可疑起来。

生于公元一三〇年的少女曹娥，一定不是貌若天仙，如有羞花闭月沉鱼落雁的本钱，就不会在十四岁时依然只是一个专事祭祀巫师的女儿，而会被地方官作为贡品，趁着尚无梁祝那样的爱情打扰，绝对保有纯洁之情、黄花之身，及时地进贡给东汉顺帝刘保，成为众多皇妃或宫女中的一员。那么，父亲曹盱就不会在公元一四三年的农历端午节，一以贯之地在杭州湾大潮溯江而上之际，迎风击浪，仿效先期的楚国人对不朽诗人及落泊官员屈原的纪念，祭祀在生是吴越忠臣，死后被奉为潮神的伍子胥和文种，祈求他们保佑一方平安。普通得不能再普通的少女曹娥，后来肯定像从南到北所有呼天抢地的女子那样，将早已生死两茫茫的前朝大臣，骂得狗血喷头：两个破老头，还被奉为神明，为何这般不知好歹！人性不灭！人伦不绝！一千九百年前的少女曹娥，在那不见任何预兆的灾难中，哪堪忍受无与伦比的丧父之痛！怀着巴结与敬仰之心的曹盱在江上击鼓放鞭，载歌载舞，敬上一坛坛美酒，献出一头头家畜，被他宠坏了的潮神却疏于管束，听任用惊涛骇浪突兀地撞向船头，将只知父亲，不认巫师的少女曹娥的心一举击碎。

若要俏，需戴孝，哭成泪人儿的少女曹娥，其素其洁，如春开梨花冬降瑞雪。朋友在手机发来的短信中，仿佛亲眼所见，不容置疑地说曹娥身穿一袭白衣。我也觉得无论如何不会错。纵使一个人身着蓝黑衣衫红绿裙袂，那流了十七天的眼泪，也会将其洗白洗白再洗白，直教一根根纱线露出最早包裹在棉铃里的本色。

十七天的时间，足够一个刚刚开始发育的少女，以每天二十二里的速度，将这条全长不过三百六十里的大江大河走得一寸不剩。十七天的时间，足够一个无依无靠的少女，将全身体液尽数化成泪水流出来，只留下那用一江春水也无法化开的浓烈的血性。在出海口驾船捕鱼的船夫哪能看不到听不见？在出海口的滩涂上捡泥螺的赶海人哪能看不到听不见？在左岸的沃土上耕耘的农夫哪能看不到听不见？在右岸的树林里采杨梅的农妇哪能看不到听不见？时至今日，在我所居住的城市里有一座闻名遐迩的长江公路桥，这些年来它不得不在无奈之中见证一个接一个的殉葬者。去年有一阵，一个星期之内就发生了三起。那一天，我坐车从江南赶往江北，曾经心惊肉跳地目睹了其中一起。那些人多是年轻者，只有年轻才能快捷地翻越栏杆，将自己的肉身悬挂在大浪淘沙，亦淘尽千古风流的大江之上，动作稍有迟缓，就有守桥的警察上来加以阻止。真正将自身化入波涛的人只是少数，在劝解者的真心相对之下，多数人会转过身来引领着系在游丝上的生命，重回只有一步之遥的阳光大道。少女曹娥给这条江上赫赫有名的巫师当女儿也不是一年半载，而她又不是貌若天仙躲进深闺不与平常人见面女子，相貌平平，反而会被更多人认识。十四岁的少女大悲大恸时，三百六十里的大江两岸，竟然人人噤若寒蝉，是在心里害怕将巫师曹盱收去作了随从的潮神水怪，还是另有其它更加难以言表的原因？最大的可能是，没有人分出多一点的精力来照顾她。在出海口上的捕鱼的船夫，一门心思全在退潮和涨潮之间，万一渔船搁浅了，不得不下海拉船时，麻烦可就大了。那些挖泥螺的人。每天太阳跃出海面之前就得来到海涂边，搭上渔船到海口一带去挖泥螺。在他们的头脑里，潮起潮落的时间必须准确掌握，不能有丝毫误差，否则，无情的潮水在淹没海涂的同时，会随手将他们葬身鱼腹。左岸上的农夫有理由为自己的庄稼赶季节，右岸上的杨梅女放心不在躲在树后的暴风骤雨。反正是，天地间顿时失去了关怀，山水中突然埋没了抚慰。女人不哭，天下就没有流眼泪的人了。少女曹娥又没有声明自己死也要同父亲曹盱在一起。一般情形下，那些舍不得亲人要寻短见的，熬不到第七天，挥之不去的念头便会成为真人真事。少女曹娥连托梦给别人，都不肯说出永别的意思。看见的人以为她再哭一阵，就该收起泪眼，慢慢地露出笑容来。一天比一天孤独的少女曹娥，放任内心悲伤不断膨胀，直到无以复加了，才纵身一跃，将自己的花季年华交付给满江逝水。溺水身亡的人，在沉在水底不会超过七日就会自行浮上水面。少女曹娥亦如期在第五天里，再次出现在这条江上。只可惜物是人非，含苞待放的少女，不得已换上另一番惨绝人寰的模样。都说她救了父亲，都说她救了父亲的尸体，都说她救了父亲并身背负父亲的尸体浮出水面。一经她所背弃的人间哄传，便绵延不绝地成这经典。

亦真亦假，少女曹娥之事，都属于她个人。凄美！壮美！苦美！他人说得越多越表明内心淤积着难以释怀的愧疚。那些听过少女曹娥泣血的人，如果在突然的良心发现后，假借神迹来稀释这类愧疚，对后人的感动与教化一定会更深刻。

因人伦而殉情赴死的事，都会在每个生生不息的家族中或迟或早地发生。那些只在家庭内部流传的，只要不与地方政治扯上粘连，过不了多久，就只能成为一个夜来风雨声，花落知多少的情感之结。少女曹娥之死一开始也是这样。从公元一四三年到一五一年，八年时光，汉朝年号从汉安、建康、永嘉、本初、建和、和平到元嘉，一共换了七个。当朝天子在经过一而再，再而三的生死替换后，终于轮到史称桓帝的刘志。桓帝登上大位的第三个年头，在宫廷里当侍卫的度尚，被派到此地当了上虞长。后来的志书上有说此人为官清正，深察民情的。在那些溢美之词背后，可想而知的是他对当朝皇帝喜忧好恶等习性的稔熟。自古以来为官只有一条道，乌纱帽是谁给的就得时时刻刻惦记着谁。度尚是由京城外派的县官，当然就得做出一些让皇帝喜欢的政绩。那时候的地方官，千方百计要将自己治下的地方特产进献给皇上。记得老家一带就曾有贡橘、贡藕一说。至今还有人为当地极有名气的豆腐，当年无法千里迢迢送到京城，成为贡品而扼腕长叹。产于老家的中药桔梗，后被专门称为英桔或贡桔，也是得益于御医们给皇亲国戚开药方时的特殊写法。度尚对少女曹娥的所谓义举，是真感动还是伪感动，故且继续存疑。他下车伊始，就将死去八年的少女曹娥上报朝廷，硬将也许根本就是三人成虎事件中的主角封为孝女。

都说伴君如伴虎，不是人精的人做不了皇帝侍卫。度尚连皇帝都不陪了，宁肯外放，表面上是找到一个青山绿水处，获得一份人生难得的逍遥。在传说中，少女曹娥赴死后的情形肯定不只一种，这是民间文化所决定的。既然曹盱祭潮仿效的是先楚之法，死去五天的曹娥还能在烟波浩渺中，与早她十七天死去的父亲相聚，一定是汨罗江上的神鱼跑来显灵了。神鱼能背着身高七尺的屈原，从汨罗江出发经洞庭湖，再溯长江而上，千里迢迢回到秭归老家，为死在同一条江里的两位骨肉亲人穿针引线，完全是举手之劳。这是可能性的第一种。其次，就该考虑龙的家族了，这条汇入杭州湾的大江，天造地设地归东海龙王节制。正是出门踏青的时节，龙王家的人，信步走来，就会碰上在江涛深处挣扎的少女曹娥。如果是龙太子，不说就此开出情爱之花，只要将自己嘴里的夜明珠，取出来让曹家父女含上一时半刻，那将是又一场以大悲开始，以大喜结局的天大好事。还有第三种可能，离江不远的大舜庙不是建在乌龟山上吗？少女曹娥投江的动静当然会惊醒这只正在打瞌睡的万年乌龟。说时迟，那时快，老乌龟一个翻身就将其接住，带回家中，再运用神力，将胆大包天地掠走曹盱，欲招这位多才多艺的男人为夫君的母螃蟹打得丢盔卸甲，乖乖地放了曹盱不说，还替曹盱变幻出一艘船，就是用这条江上所有的水堆成一座浪头也打不散它。这不是故弄玄虚，凡事只要超过日常人生范畴，就会在民间变化得无休无止，到头来，有多少爱说往事的老人，就会有多少怪异的传说。譬如屈原，在万里长江被称为三峡的那一段，其回归的传说就多得让人目不暇接美不胜收。上虞地界的这条江上，少女曹娥的传说只用八年时间就变得众口一词，毋须进行考究就能断定，是上虞长度尚的所作所为使然。

上虞长度尚在泥沙俱下的政治江河中弄潮，首先不会容忍东海龙王一家对少女曹娥做下任何事情，接下来势必要杜绝乌龟螃蟹与少女曹娥的所有关联。凡此种种，绝对不被允许。唯有让一个黄花少女，将一般人想不到更做不到的事情做出来，才能彰显皇恩浩荡，往上感动天地，向下教化愚民。在皇宫里的短暂生涯，让小小的上虞长明白了政治生活中大大的真理，即便后来的梁山伯与祝英台化蝶飞到他的任上，也毫无用处，引不起半点兴趣。度尚亲眼目睹皇宫深似海，看上去皇帝威风八面唯我独尊，背地里扇阴风点鬼火手握一支狼毫笔也想弑君的大有人在，何况还有许多如狼似虎的大将军。

东汉王朝传到第四代时，皇帝大多是乳牙小儿，而且再也没有活过四十岁的。和帝刘肇，十岁即位，二十七岁死。殇帝刘隆，即位时刚满月，在位八个月就死了。安帝刘祜，十三岁继位，三十三岁驾崩。顺帝刘保登基时也才十二岁，少女曹娥生命终止后的第二年，就驾崩了，时年三十。继位的冲帝刘炳只有两岁出头，在位仅半年，临死之前还在找乳母的乳头。再继位的质帝刘缵，即位时满八岁，死的时候满九岁，也只有一年的天子命。轮到刘志出来称桓帝，从十五岁起，到上苍令他交出皇权，仍只有三十六岁。此后，刘宏十一岁称灵帝，三十三岁死；刘协九岁称献帝，只有他活到了五十四岁，然而，在三十九岁那年，东汉王朝被魏国取而代之。此后的刘协被贬到度尚的老家做了山阳公。

刘志看不到后来的事，此前的事情，他想不看都不行。冲帝嗦着乳母的乳头死去后，大臣们主张立年长有德的清河王刘蒜为帝。一人之下，万人之上的大将军梁冀却强行将年幼无知的刘缵立为质帝，做了桓帝的前任。童言无忌的质帝在召见群臣时，将一个刚刚学会的词语用到梁冀身上，称其为跋扈将军，梁冀便毫不手软地毒死这可能酿成后患的小小君王。又因为当时刘志正在和自己的小妹议婚，梁冀视那些又在嚷嚷要让刘蒜坐镇金銮宝殿的大臣为无物，独自拥立未来的妹夫为恒帝。在当时，朝廷上有梁冀的大妹妹梁太后临朝听政；后宫里，有新立的梁皇后颐指气使。梁家共有三个皇后、六个贵人、七个侯、两个大将军，其余卿、将、尹、校多达五十七人。度尚外放上虞的头一年，梁太后病故。桓帝亲政，可四方贡献，仍旧先冀后帝。

怀揣玉玺的桓帝刘志，想不心惊，也会肉跳。从皇宫侍卫到上虞长的度尚，不仅看得真切，还想得深远！黄袍加身的刘志，在金銮殿上苦苦支撑，江山还不见稳固。赶在这时候，献上死去八年的十四岁少女曹娥，绝对要远远胜过太湖和西湖两地官员，从一万个美女中，筛出一个眼睛会说话、细腰会唱歌的绝代佳人。事态发展完全在上虞长度尚的掌握之中，一天到晚担心有人篡位的桓帝，终于发现一个天下人的楷模：少女曹娥尚且晓得，哪怕死了自己，也要寻回父亲尸体，作为天地君亲师五位一体的中坚，更是神圣不可侵犯。诏书既下，有谁再敢与皇帝较真？在知根知底的人看来，任凭如何描述少女曹娥之死，总是不能复生的。金口玉言的皇帝哼一声，就使得川流不息几千年的舜江，变成了曹娥江。本来嘛，大舜王当年如何做，如何不做，都是皇帝一个人的事，不需要天下众多的饮食男女操这份闲心，天地之间，除了皇帝，一切的人都应该是顺民孝子。简单地说起来就是孝顺！孝顺！孝顺！

一口气扶了刘炳、刘缵、刘志三个儿皇帝的大将军梁冀，低估了年纪轻轻的桓帝，没有透过抬举少女曹娥的烟雾，分辨出那藏得极深的杀机，继续专横跋扈为所欲为，甚至连桓帝的宠妃梁贵人的母亲都敢暗杀。皇帝毕竟是皇帝，受够了窝囊气的桓帝，终于在一个夜晚，调动一千多名御林军，包围梁府，诛杀近百人，凡是与梁家沾亲带故的官员尽数罢免。让天下人仿效少女曹娥的桓帝刘志，一口坐了二十一年江山，东汉时期，除了开国皇帝光武帝刘秀，就数他在位时间最长。

多年以后，才有一些用民间文化反对封建极权统治的人出现。他们让新近殉情而死的梁山泊、祝英台化成蝴蝶，美妙到极致，神奇到极限。在传说中，皇权政治下的道德礼教，被彻底边缘化，生活中无所不在的强权仿佛烟消云散。一江两岸的民间，在少女曹娥之死的前因后果中体现的文化传承与言论自由受到空前压制后，终于实现了对笼罩在头顶上的政治阴云的极度消减与巧妙颠覆。

写奏折的度尚，在想像这个故事的母本时是主动的。

读奏折的桓帝，在想像这个故事的母本也是主动的。

他们不约而同地将少女曹娥的如此死法，与先楚的屈原自投汨罗江后，背其回返故土秭归的有灵神鱼紧密联系到一起。在皇帝眼里神灵显现是莫大的吉相与喜兆，而发现神迹的下官自然功高至伟。下官之举，当然要投皇帝所好。再说时髦一点，上虞长度尚准确地揣测到皇帝的心思，将一件在自己任期前老早就发生的事，恰到好处地变成了为官一任，造就一方的政绩工程。这才是真相，是本质，也是蔡邕和李白，只说碑文，不究事件的无可奈何花落去之根由。

二十四孝典籍中，开宗明义第一篇的《孝感天地》，记载了舜所受到的陷害。有一次，舜在深井里掏泥沙，父亲、继母和同父异母的弟弟，竟然在上面倾倒大大小小的石块，即便砸不死也要将他活埋在井下。舜却命大，活着回来后，毫无记恨家人之意。如此等等，都是一些能让神鬼泣涕的非凡举止，所以，才能在后来被选为人皇，成为一代圣君。那条见证过舜与普通人一起或渔或耕的江，因为舜为江山社稷建立了丰功伟绩，而以舜的名字作了江的名字。十四岁的少女曹娥似乎超越了天下谁人不识的舜君，非要将舜江改名为曹娥江而后快。可是，受到历代帝王六次敕封，获有十二个褒扬封号的曹娥，并没有进入到旧道德所传颂的二十四孝中，就连经过补充的三十六孝也没有她的位置。在两种典籍中，舜在成为帝君前的所作所为，全都排在首位，是那楷模中的楷模。

如果不认为曹娥江的出现，是那小小的上虞长挖空心思，用自己的伪政绩来取悦给他俸禄的皇朝，又能作何解释？那块导致蔡邕有谜，李白无诗的少女曹娥之碑，由度尚披露的来历也很难自圆其说。度尚将少女曹娥的尸骨挖起来重新厚葬时，曾令弟子，斯时少年才子邯郸淳为之撰写碑文。度尚又说，自己原本请的是当地著名学者魏朗，可魏朗被曹娥的盛名所累，担心文采有所不逮，自己才不得已让弟子出手应急，没想到魏朗拜读过邯郸淳的碑文后，一边大加赞赏，一边将其实早就写好的草稿点烧成灰烬。邯郸淳一路追随度尚来到上虞，所见所闻当然也是死后八年的少女曹娥，却敢一挥而就，百般叹息母亲早逝又失去父亲的少女曹娥，只忧虑今后该怎么活，对死却一点也不怕，还专门选了潮急浪高的时候投水寻父而去，大江之水载着她四处漂流，这样的孝女让许多人泣不成声，哀悼的人阻塞了一条条道路，好比当年的孟姜女哭倒长城，就连遥远的皇城都被这悲痛的场面惊动了。碑文写到此处，就将上虞长度尚大人的真正面目暴露了，他所要的就是惊动皇城的效果。生于乡间，长于民间的乡土知识分子，既没有李白逼高力士为之脱靴的狂放，也没有屈原以一己之死与天下抗争的豪壮，遇到此种事件，他们普遍会采取明哲保身的温和方式。譬如魏朗，他将写好的文稿烧了，还要谦逊地说自己的才华不如一个少年。就汤下面，顺水推舟，当事人的面子他也给足了，自己的命运也不至于产生意外的骚动。不久之后，官运亨通的度尚，去到洞庭湖一带统领剿匪行动时表现出来的血腥与残忍，足以证明魏朗的判断太对了。读范文澜所著《中国通史》，老先生给曾任上虞长的荆州刺史度尚所下的结论是——农民起义的残酷镇压者！魏朗当然更明白少女曹娥的生死意义何在，只是他实在无力阻止一条江流入荒谬的历史中，聊以自慰的是，在这些阴险的政治家联手谋杀大舜之江，使之成为只为少数人获取功利的所谓曹娥江时，自己的真正身份是一个不合作者，只要不使自己成为丑陋政治的同流合污者就行。这种心理状态通常是最普遍的。才华横溢的蔡邕和李白，在少女曹娥的碑前庙里那般吝惜，不肯多写一个字，其内心只怕也是如此着想。

历史与现实就这样心领神会地达成了一种默契，官僚政治和道德礼学不约而同地发起对尚未开花就已凋谢的美丽少女的异化，各取所需的人则是心照不宣地推行着他们并无恶意的合谋。非常遗憾，如果从某一年开始，这样的合谋，变得只是为了表达对一个原本可以再活五个六个七个或者八个十四岁的少女的忏悔，那就好了。

多少人活得生龙活虎时尚且身不由己，想让死去的曹氏父女来把握自己的命运，简直就是比天还大的笑话。本是自己的人生和命运，却被他人有所图地加以利用，无端地夸张和放大。假如曹盱灵魂知之，女儿曹娥置自己不再的生命而不顾，必然招致他最激烈的反对。一如在手机短信中与朋友所聊的那样，女儿是父亲前世的情人，是说父女之间的感情，将天下最深的几种情感元素合为一体了。所以，曹盱如能未卜先知，晓得自己死期将至，或是坦然相告，或是委婉暗示，总之，一定会让曹娥明白，绝对不能同父亲一道赴死，一副没有生命的皮囊，弃之江河湖海与深埋厚葬并无区别。人生和人死就不同了，仅仅说有区别还不行，因为二者之间的区别，似乎看得见，摸得着，其实是大到无法用天下衡器来度量。

上虞长度尚果然受到皇朝赏识，被调任荆州刺史，后又当上辽东太守。在荆州任上，度尚剿灭了洞庭湖一带的大股匪贼，到了辽东，他又有大破鲜卑军队的纪录。五十岁那年，度尚死在辽东，他的儿女并没有将其尸骨运回山阳湖陆老家安葬。位于秦岭南麓的山阳县是多么好的地方呀，境内有天竺山脉和月亮、白龙两大溶洞，又有丰乡图、九冢星罗、二泉天鉴、道院曲流、天柱摩霄、石峡线天、孤山叠翠、金华相会等八大景致。度尚如果有过要用故土来安放自己尸骨的遗愿，后人哪有不依之理，实在是他早就晓得哪里死哪里埋入土为安的道理，几根白骨，一具僵尸，再怎么摆弄也是一文不值的废物了。

在传说中，硬将少女曹娥投身江流附会一个救父的说法。人都死了，如何相救？明明是女儿的尸首背回父亲的尸首，救的又是什么？到了这一步，所有能做的就只剩下对继续活在人世间的那些灵魂的救赎了。

回忆起来，历史上许多人文传说都被后来者用各种各样的方式编为说唱戏剧，曹娥投江寻获父亲尸体一事，从未见诸艺术，哪怕是最大众化的民间书场与草台，亦难见到有此表演。同在一县之地的梁祝化蝶的故事，却使得文人墨客，歌者舞者，千古以来咏唱不绝。两相比较，人心这杆秤，就称出了它们的分量。就说鲁迅先生吧，他在《二十四孝图》一文中评说，那个只有三岁的儿子，被抱在母亲的怀里，高兴地笑着，他的父亲郭巨却正在一旁挖土坑，要将他埋掉了。因为家里太贫穷，郭巨连母亲都供养不起，儿子还要从中分食，只有将他活埋了，省下一份口粮给母亲。没想到意欲活埋儿子的土坑刚挖到二尺深，锄头下面竟然冒出一罐黄金，上面上还刻着赫赫文字：天赐郭巨，官不得取，民不得夺！鲁迅先生形容自己最初实在替这孩子捏一把汗，待到挖出黄金了，这才觉得轻松。然而他已经不敢再想做孝子，并且怕他的父亲去做孝子。其时，家境正在日趋没落，常听到父母为柴菜米发愁，祖母又老了，倘使他的父亲也学郭巨，那么，该埋的不正是他吗？如果一丝不走样，也能挖出黄金来，自然是如天之福。鲁迅那时虽然年纪小，也明白天下未必总有这样的巧事，万一挖下去没有黄金呢？鲁迅的老家绍兴与上虞地界山水相连唇齿相依，在他所写的关于故乡故土的文字与文章中，只有舜的消息，从未见到曹娥踪迹。他借二十孝抨击那时的人文精神实在是对人性的扼杀时，也没有顺便提及近在咫尺曹娥之江，大概与李白和蔡邕的思路同出一辙吧！无人晓得那个时候的鲁迅，想没想过，离家门口不远的这条江，被称为舜江和被称为曹娥江的区别。在舜江的时代，天下人间属于民众，民众有权以舜的标准来选择治国者，其情形如同千万细流汇到一起成了大江。到了曹娥江时期，天下人间全由帝王主宰，民众凡事都要学少女曹娥，就像从杭州湾涌入的大潮，逆来也要顺受。

到上虞的当晚所发送和接收的手机短信，还有如下一些文字。

她：曹娥江喜欢故事，不妨也留一点。

我：留得再多也没用，不晓得谁来传唱。

她：都互联网了，就别想元杂剧等等。

我：可是那位绍兴人也喜欢王实甫的《西厢记》。

她：但我更喜欢伏尔泰。

我：有人说那位绍兴人是中国的伏尔泰。

她：你这是在骂我。

她：估计你喝高了，快去江边走走。

我原本想来一句幽默：这时候还在研究本土文化与世界文化接轨大业，是不是想当先进性教育的正面典型！可索爱T618因没电而死机了。我无法再回复。夜深时刻回到2403客房，手机中回光返照一样的浮电，让我读到二十点二十六分时，所收到的最后一条短信。

她：真喝多了，就别一个人去江边。

那天上午，在少女曹娥庙宇前的江堤上，我高高地站了十几分钟。很大的寒风从江里蹿上来，扑在脸上也不觉得难受，问题出在身处人群之中，却发现一种难以排遣的孤单在与自己纠缠不清。我在想一件事，一件说出来有些惊世骇俗的事，一件是以客人身份来看这条江，却对这条江有所不敬的事。好在后来我找到一些可以说服自己的道理，在特定时间特定地点特定背景下，这样的不敬，其实是真正的尊敬，因为它在对一个时代的心灵负着责任。

刚刚见到这条在早春的久雨中变得浑浊不清的江，我就在心里轰隆隆地想念那条从未见过的江，想念她的浩然气概，想念她的人性佳境。还想往没有手机的公元一五一年发一通短信，不管有无效果，也要肆意将为了一己的蝇头小利，竟然不顾历史名节的大小官吏痛斥一番。在这样的历史面前，大仁大义大道大德大爱大善的舜，更显得事关紧要刻不容缓。这个被用了近两千年的名字，到了要改一改的时候，应该以舜的名义，回到舜的名义！让曹娥江成为如烟往事，回到没有上虞长度尚的岁月之前，重归自由的、独立的、宽容的、浪漫的、理想的大舜之江！

宁 波|滋 润

生活在南方，对湿润有着别样的感情。

记得第三次去北京，是参加《青年文学》召开的我的几部中篇小说研讨会。时值一九九二年夏天，在中青社的地下室招待所住了一晚，早起后，朋友发现我的左眼忽然变得通红。急忙去医务室看，一位女医生只是随便瞅了一眼，便问你是南方人吧？听我作了肯定回答后，她斩钉截铁地说，没事，是不适应北方的干燥，眼球表面的毛细血管破裂，过几天就会吸收干净的。一九九三年第二期《青年文学》的封面人物登了其时我的照片，知道的人，还能看出我眼睛中的异样。在北京待了几天，女医生所说的吸引，在我回到武汉以后，才真正出现。自那以后，我也拥有许多人不喜欢北方的理由——太干燥！

所以，我就没有理由不喜欢南方的湿润。正如眼下，长江中下游两岸绵绵不绝的梅雨时节，无论是在家里，还是在办公室，没事时宁可站着，只要不坐在椅子上，就是一种幸福。可我仍然不会埋怨，并且由衷相信，湿润是南方人生的一种根本。

去年十一月，我去西北某地时，突然接到朋友的邀请，从干涸到十几个人共一盆水洗洗的黄土坡上的窑洞，直接飞到宁波。这是我第一次来到这座城市，由于是深夜到达，直到第二天早起，才产生对她的第一感觉。怎么说哩，当然是很好。不是虚情假意，也非虚与委蛇。想一想，一个人在干旱得习以为常的地方，最渴望什么？当然是水。而一个在长江边玩水长大的人，去到那种干旱得对水都麻木了的地方，自然更加怀念天设地造的江河湖泊了。

偏偏宁波懂了一个对水的不舍者之心，在我抵达宁波的第一个早上，就下了一场不大不小的好雨。

那一天，只要在户外，自己坚持不使用任何雨具。

并说，自己是从西北来的，那里的人将打伞当成一种罪过。

宁波的雨，竟然如此深得我心。人在室内时，她便下得激越而豪迈。一旦发现我们走到门口，那雨马上变得温婉而抒情，细细密密地从空气中弥漫下来，比打湿脸庞多一点，比浇透衣服少一点，让人实实在在地放心地走在雨中。

说来很怪，这么多年，一直没有机会来宁波，自来过一次后，不算因故没有成行的那几次，仅成行的，半年之内竟然来宁波三次。

第二次从武汉自驾来宁波。时值四月，沿途没有不是艳阳高照的。一到宁波，天就下起雨来。待我离开宁波，出城区不远，那雨就消失了。所以，第三次来宁波时，心里已经不可能有其他假设了。从武汉开出的动车到上海后，不出站依然是动车转到宁波，七小时的动车车程，我一直在入神地看一位藏族肢残写作者的长篇小说打印稿。但有放下书稿，朝着车窗外若有所思时，一定会在心里重复地问：宁波会再下雨吗？

宁波后来用我所喜欢的湿润回答说，会，一定会下雨。

事实上，在我前往的路上，宁波正下着一场少有豪雨，只是当我们走近时，那雨才变得温情脉脉。对于外来者，走马观花是其永无休止的真理。第一次来宁波，只与仿王羲之《兰亭集序》中所书的“此地有崇山峻岭茂林修竹，又有清流激湍，映带左右”的诗意而建造，是为浙东古代雕刻艺术最集中、最精致，内容最丰富的建筑之一林宅，有一些接触。第二次来宁波，也只看了两个地方，除了少有人去，却有国内最早全木榷穹隆顶结构的保国寺，再就是赫赫有名的天一阁了。坦率地说，第三次宁波，所了解的是比天一阁的存在更让人为之心动的另一种事实，2010年11月2号的《宁波日报》说：据不完全统计，全市现有各类博物馆、纪念馆、陈列馆84家，其中国办71家，民办13家；由文化文物系统归口管理的博物馆、纪念馆、陈列馆31家；国家三级以上博物馆10家；向社会免费开放66家。让人觉得惊讶，同时又更觉得欣慰的是，文章所说的十三家民间博物馆，馆舍总面积有44800余平方米，藏品总数已逾19600件。这样事实如何不让人心动！如何不使人觉得，这是一场无声细雨在湿润这座城市！

在宁波的最后一天下午，去阿育王寺，瞻望佛顶骨舍利。

一行人一边排着队，一边听管事的僧人细说瞻望之要领与心得。说是，自从佛顶骨舍利供人瞻望以来，无数得到佛祖引领的人，所看到的景象，再没有任何重复的，人所各异，异所各人。终于轮到我们一行，并终于轮到我自己，诚惶诚恐地上得前去，尽可能地贴着阿育王塔的小小飞檐，放飞自己的视野。或许只有十秒钟，这样短的时间，想要看清一种影像该是何等的不易，更何况是在金玉辉煌的背景之中。所以，我只能说从中看到了自己的一种感觉。至于是什么，则不敢轻易地说定。

从寺庙里出来，上了车，迷迷糊糊中像是又遇到一片雨雾。

睁开眼睛的那一刻，心里突然冒出一个词：滋润！

是这样的，在阿育王寺内的阿育王塔中，我所看到的正是一种滋润，将人的渴望还给人，让人的渴求满足人的滋润。

正如宁波的雨，可以轻浥心尘，却不会寒侵筋骨。

哈尔滨|为哈尔滨寻找北极熊

我站在马迭尔宾馆外面等车时，手机响了。“爸爸！”准备上幼儿园的女儿刚刚起床，她习惯地靠着妈妈的枕头，在千山万水之外细声细气地要求：“哈尔滨有北极熊吗？给我买一只北极熊！”我想也没想就答应了，丝毫没有料到这会是一件导致自己在整个旅程中一直忙碌不已、并且险些无法完成的事情。

有四年了，我很少外出，一边写长篇，一边照看女儿和上高中的儿子，同时也在弥补曾经缺席多年的家庭生活。这一次上哈尔滨，虽然是临时得到通知匆匆忙忙地搭上末班车，到头来却排在因接受哈尔滨工业大学荣誉教授之职、而先期到达的徐刚先生之后，第二个赶到犹太人在一九〇四年修建的马迭尔宾馆报到。隔天早上五点半钟，在火车站的贵宾休息室里等候迎接采风团大队人马的那段时间里，一队身着礼服手捧鲜花的哈尔滨姑娘在门口不停地走来走去。我不知道这其中已经包含着“马迭尔”的原意，逮住一位东道主问，他却不好意思地回答，从小就这么叫，从没想过这名称后面还有别的意思。后来，我查过资料才知道，百年前流连在哈尔滨的犹太人之所以要将自己的饭店称为“马迭尔”，实则是为了“摩登”。在哈尔滨的那些天，以及回到南方后，语言中的“马迭尔”与“摩登”仍让我觉得非常意味深长：“摩登”是“马迭尔”无法改变的历史，“马迭尔”则是对“摩登”没心没肺的忘记。这样的事例在人人的经历中并不少见。

离家之前，太太将她去年深秋在哈尔滨的见闻重复了好几天。这些年，从北方到南方，我们的城市发展得异乎寻常地迅速，快则快矣，到头来所见到的无非是对香榭丽舍的抄袭，对莱茵河两岸的复制，再不就是临摹曼哈顿，翻印拉斯维加斯。大城市们如此，中小城市或者再小一些的乡镇，更是明目张胆地东施效颦，盯着上海和深圳无休无止地参观学习，致使一方水土中的家园气氛丧失殆尽。经过四个小时的旅行，飞机落地后出现在眼前的北方名城让我心里生出一种可以略感庆幸的陌生。在找到摩登一说之前，陪同者所有的介绍全都无法进入到可以铭记的境界。正在涨水的松花江上仍旧可以游泳；正在举办的啤酒节上只要花五元人民币买上一只酒杯就可以仰起脖子尽情地享受中国最好的啤酒；太阳岛上正在进行有史以来最为彻底的清理与整顿；索菲亚教堂周边的房屋即将被拆除……想像中这座离冻土带很近、离极地极光很近、被萧红的呼兰河所环绕、被迟子建的漠河所烘托的城市，是与铺天盖地的大雪联系在一起的，冰清玉洁的！没有雪的哈尔滨，无论怎样的百态千姿，也只能出乎我意料之外。毕竟雪的姿态最令人神往，因为雪的本质是高贵！

在久负盛名的中央大街上，听人说，脚下那一块块露出来的只有砖头大小的方块石，在当时每块价值一美元。这可是没有经过第一次世界大战后的经济大萧条、第二次世界大战后的全球通货膨胀、还有后来的半个世纪中世界经济不断出现的周期性衰退与危机的一美元。在那种年代，就算是最富有的纽约华尔街也不曾像哈尔滨这样，几乎是用黄金来铺就一条淌雨积雪烟云过眼的马路。为了了解中央大街在当时的摩登程度，我专门向一位在大学里教授经济学的朋友求证。他在电话里回答，第二次世界大战刚结束时，一盎司黄金的价格是三十六美元，到了一九九九年，其价格已变成了三百六十。仓促之中，他没有查阅资料，只能凭着记忆提醒我，到二十世纪末，美元已经贬值到只有世纪初的二十分之一。以黄金作为不变价格计算，中央大街建造之时，一盎司黄金大概相当于十八美元。我曾试验过，在中央大街上，不管是左脚还是右脚，都会踩着一又三分之一块石头。这就是说，百年之后的我，每走十二步就会将一盎司左右的黄金踩得闪闪发光。在整个远东，不管是同时期的上海，稍后一点的香港，还有更晚一些的东京与汉城，都不曾有过这种将千万黄金掷与泥土的事情发生，除了富有，除了摩登，除了奢华，在当时，还应该有一种只差一点点就会变成妄想的集群性的浪漫因素。那年那月，也只有满街都是嬷嬷和教士、街角上的卖花女曾是俄罗斯贵妇、玛达姆茶炉前拉手风琴的男人、不久前还是只说法语的莫斯科绅士的哈尔滨，才能使喝完半瓶伏特加、两杯不加糖的咖啡的激情构想变成现实。如今，当地人还敢说，不用出中央大街，就可以见识世界上所有的名牌。

一个三岁女孩所衷情的北极熊显然不是她心里的一种名牌。

我在中央大街上不停地寻觅，不断地询问，我没有得到的问答。或者说，我得到的并不是回答，那些芭比娃娃和迪斯尼狗熊的代理商回应给我的表情全是带着矜持的否定。不只是她们，哪怕是卖水货手机配件的小店女人，笑容中也隐现着一种同整条街道相呼应的冷傲。那位敢在远东的沼泽地上将一块石头埋入地下仅仅露出二十分之一真容的俄国人，独出心裁地设计出一座与东方各民族气韵迥然不同的城中之城，假如这种后来的变化是其当初就料定了的，那他实在是太有远见了。在南方，眼际里能见到尽是妩媚：虞美人，声声慢，鹊踏枝，念奴娇，一剪梅，浣溪沙，水调歌头，蝶恋花。好不容易出现一个冷美人，多半还有若要俏、需戴孝的悲伤和忧郁背景。坦率地说，男人对女人的瞩目从来没太多的审美与赏析的因素。行走在中央大街上的那些形体与修养上不曾熟悉的女人，让我情不自禁地想起了中原大地上那些来自北方的铁马金戈。我相信，一座建筑的冷傲，表达的是一个时代的信仰；一个女人的冷傲，表达的则是一方族人的力量。

那一天，在金上京遗址，一望无边的断垣残壁让我突然明白了一个道理：从金兀术到后来受尽嘲笑的八旗子弟，在他们初盛之际，无论是骑的是红马、黑马或者白马，都是那样的冷傲。也正是这样的冷傲才使富饶的白山黑水平地生出一股高贵的气脉。想一想那些来自中原腹地的所谓的农民大起义吧，哪一次不是一哄而起，像饥饿的狼群一样扑向任何他们认为富裕的地方。大凡起事，财富总是他们的第一目的，第二目的就是女人了。说他们建立了新王朝是很无理的，而应该认为旧王朝的不再是被他们所毁灭。梁山泊里的宋江好歹当过几天县府小吏，所以他能想到无论如何也要将身名显贵的卢俊义拉入山寨。发起武昌首义的那群热血青年，因为上过一阵新学，知道自己身上并没有治国安邦的素养与才华，这才不惜拿着枪逼迫黎元洪出来统帅自己。北方的匈奴人，北方的女真人，北方的满清人，当他们决意进伐中原时，其中坚力量正是族人中的贵族。说这些佩戴兽骨披裹兽毛的人野蛮，只不过是汉人面对国破家亡的局面时的自欺欺人。在骨子里，在血液里，这些来自冰天雪地的征服者，支撑与涌动着的是黄河两岸，长江上下所稀罕的高贵。我不会去想我们的历史教科书应该颠倒过来做出修改，不再说农民起义何其伟大，北方民族的侵扰则是何等卑劣。事实上，历史教科书已经有所修正，不再对匈奴人、女真人和满清人出言不敬了。今年夏天，我在湖北钟祥市的明显陵听管理处的负责人讲了这样一个故事。那位先生也是听国内考古界那些泰斗级的人物说的：但凡要动手挖掘“王”以上的陵墓，头天晚上当地一定会下倾盆大雨，这是考古界习以为常但又无法用科学规律做出解释的事情。也是在明显陵，导游小姐在讲述李自成的部下放火焚烧明显陵时，超乎寻常地表达出这样的意思：对中华文明来讲，历史上的农民起义是有百害而无一利的。一个南方女孩子能有这样的认识实在是很大的进步。但是这样还不够，我们的思想界还必须做更多的工作来扭转更多人脑子里的乾坤。这样做与其说是尊重史实，不如说是尊重现实，要想达到更深的思想境界，就必须重新检讨我们的认知武器，否则就只能长久地让顾城的诗句，高尚是高尚者的墓志铭，卑鄙是卑鄙者的通行证，成为历史与现实中的共同真理。作为东北亚政治经济和文化中心的金上京，最终沦落为一堆堆荒丘，那条曾经直通黄河、淮河和长江的绕城运河，也成了一条毫不起眼的水沟，却不是农民起义铸下的大错。有人说，这是历史的必然。可历史的必然又是什么？作为后人，由谁来解释这种放之四海皆准，却又等于什么也没说的必然在历史中的真正意义哩！

女儿一如既往地在电话里追问买到北极熊没有，其余的事一概没有兴趣。一条中央大街被我找遍了，当地的朋友和来自外地的朋友都说，随便买只熊吧，能哄孩子就行。我不想也不能这样做，明明是一只狗熊，做父亲的能对女儿说，这就是北极熊吗？类似这样做法的大有人在，那也不是指鹿为马、黑白混淆。这有点像一个身在异乡的人告诉当地人，他们的城市是世上最美丽的所在。这种结论在事实上通常是错误的，然而这种错误的本身却是美丽的。正因为有了这种美丽的错误，才有可能在环境日益恶化的时代，冒出比以往任何时候都多的“最适合人类居住的地方”。

我又想到心中的那个悖论，难道没有雪的哈尔滨就不是哈尔滨吗？习惯上将北方当成大雪纷飞极目苍茫的场所，我的足迹新至之处只是离北极熊出没的地方更近一些，因为女儿的愿望，又不仅仅只是女儿的愿望，在南方想往北方，到了北方所想往的当然就比北方更北了。

经由青岛前往哈尔滨的飞机落地之前，舷窗外早早地铺开北方浑厚的原野，还有那条看上去有些小却格外无羁的松花江。机舱内还在循环着的来自武汉的空气。这就使人有了在一瞬间脱离旧气息，融入新气息的体验。那一刻站在从未到过的土地上，只觉得扑面而来的清新中有一股心醉的稠酽。这种稠酽让我产生一次次回忆，它使我觉得北方的天地原野草木河流皆有气味，甚至使我从到处都是绿得发黑的植物那里闻到阵阵浓墨的芬芳。几年前在西藏，曾经仰望蓝天，幻想可以从庄严的白云中聆听出某些声音。与西藏所见的不尽相同，白云在哈尔滨上空缓缓地流动，宛如那些走过太多苦难，在金婚或银婚纪念日才披上婚纱的沧桑女人徐徐而过，身后那片蓝得很深的天空更像许多神往的眼睛。我有理由来让自己相信这就是民族文化与生活中本就稀少而今更加匮乏的高贵，就像我在中央大街上不时见到的，如果这方曾经彻底欧洲化的天地，还不接纳这种人性当中的最特质，我们就只能彻底放逐自己的寻找，将国民性中的高贵情结扭成一只死结。庄严常在，高贵难修。得失之间，悲喜之际，经常是最微小的失当就使人前功尽弃。

女儿在北极熊前面加上“我的”二字，她在电话那边开口就问：“我的北极熊买到了吗？”其实她不这样说，我也明白我必须为她做成这件事。这也是以我对哈尔滨的信任作为基础。我相信偌大的、在中国最接近北极熊的哈尔滨，一定能够满足一个刚刚开始认识世界的见到雪就欢天喜地的南方小女孩的愿望。

早来的那天晚上，女儿还没说出她的愿望。市委宣传部的几位将我带进一家名为露西亚的酒吧。酒吧里摆着许多旧时俄罗斯人在哈尔滨的生活用品，墙上挂着的也是那些主导中央大街修造的俄罗斯人的各种生活照片，酒吧主人的远亲当年在马迭尔宾馆举行婚礼的照片也赫然入目。酒吧主人的奶奶是俄罗斯人，女主人则是见到是朋友和顾客都礼貌哈腰的日本人。这样的介绍顿时让人深入到哈尔滨的近代史之中。酒吧里最醒目的是一架钢琴，尽管擦得非常亮，那根突兀地伸在外面的蜡烛架轻易就将其经久的岁月说得清清楚楚。邻桌上一个气质不错的女孩子问那钢琴还能弹吗？男主人作肯定回答时，女主人轻轻地笑了笑。天下没有不能弹奏的钢琴，问题是弹出来的是什么：响声，还是音乐？在听者心里，任何一种声音都不会只有一种回响。一架旧钢琴，曾有多少优雅如天鹅的手指在上面抒情过舞蹈过，当年的旋律不用弹奏就应该在我们的情怀中回荡。朋友们丢开我，悄然谈起一位我当然不会知道的女人。每个星期，总有一天下午，那个在我听来免不了有几分神秘的女人，独自呆在那架旧钢琴前的座位上，有时候甚至是趴在桌面上睡觉，直到天黑了，外面的路灯纷纷亮起来才离开。酒吧主人大约也听到了这些内容，似是不经意地走近了说，有那么十来个人，看不出有别的值得深究的原因，隔上一段时间就要来独自占一个台位，一杯咖啡，一杯红茶，此外决不再要任何别的东西。还有两个更怪的老人，他们的习惯完全相同，晚上七点钟来，九点钟离去，每次来只要一杯冰水、几片柠檬。如果一个老人是星期六来，另一个一定会在星期天来，反之亦相同，两个人从没有在酒吧里相遇过。我以为这座酒吧与中央大街的年头差不多，问起来才明白它存于历史的时间，与听着窗外的林涛声早早入睡的女儿的年纪相差无几。一样东西经年历月之后变得旧了，就会有其了不起的地方。需要点蜡烛的钢琴，不用提醒便显出尊贵。不用动手弹奏，就这样静静地与她相对，想像夹在岁月风尘中的一只音符，一个音节，一段乐句，一篇乐章，在安宁中感受华彩，从短暂里体验悠长，将激越变成坦荡。老人也好，神秘的女人也好，只要他们愿意与不再点蜡烛的旧钢琴为邻，就不需要任何其它理由。

一叠酒吧主人自撰自编的《露西亚小报》随意地放在门后。虽是小报，那上面载有一些让我们心颤心悸的东西。在哈尔滨，有一位名叫弗洛夏的俄罗斯侨民，今年九十二岁了，是当年带着小提琴和钢琴，带着油画和鲜花，带着艺术家和小说家来此的二十几万俄罗斯侨民在当地的仅存。上个世纪六十年代，一个除了俄语外，还会讲英语和法语，却不会说汉语的俄罗斯老人不管受到何等的羞辱，她只是竖起食指在与胸前第二粒扣子等高的位置来回摆动着，劝告那些人不要如此。在酒吧之外听到的故事，让我立即联想到小报上的俄罗斯女人。小报上还有一个老人写给在天国的父母的信：“我饿极了，夜里睡不着，我想你们，我想听见爸爸的咳嗽声，想在你们身边。我做了一件事，也许会让你非常难过，但我的确做了。我用餐刀切开了手腕。我很害怕血，非常怕血，很快我把血止住了。我又用自己的手帕缠在那刀的刀刃上，我觉得那把刀太不了解我，它太简便了。今天是我六十三岁生日，我会好好地活下去。下午，米亚托夫兄弟来了，坐了两个小时，他们劝我到医院去检查一下健康，我害怕，不敢出门。他们带了很多吃的，还有一瓶红葡萄酒和肉、牛奶。我们一起喝了一点酒，祝贺我的生日。他说：现在文化大革命，苏联和中国的关系很不好，可是这和我们没有关系，也有很好的中国人。米亚托夫不害怕，他知道怎么走路，他穿着中国人的衣服，把帽子压得很低。请保佑这些好人吧！我不会再做那种事了。我很后悔，请你们原谅我，我是饿坏了，头脑太乱了。我在那餐刀里面裹了一张纸条，写了这样一句话：你不要帮着我让别人难过。”信的落款是一九七三年十二月八日，如果这个叫尼娜的女人还活着正好与唯一留在哈尔滨的弗洛夏同岁。这时候的哈尔滨早就下雪了，我怀着从未见过隆冬时节松花江模样的南方心情，希望那雪能厚到再多的人践踏过也露不出底层的污垢。那是一个卑贱者最聪明，高贵者最愚蠢的时代。也正是那个时代，让卑贱升华为荣耀，高贵贬低为耻辱。到头来我们又不得将历史早有定论的基本真理，重新用实践检验一番。

此时此刻，是我从露西亚酒吧出来的时候。那边大街小巷早已安宁下来，哈尔滨的夜晚，十点钟一过就难以见到当地人，那些仍在街上晃荡的大部分是外来者，少数当地人也是因为陪同的缘故。然而，在南方，我们的城市反而掀起阵阵别样的喧哗。熟睡中的女儿轻轻咳了几声。女儿是过敏体质，稍不经心便会如此。回家后陪女儿去芭蕾舞学校练舞，只顾看着她乐，忘了及时换下那身天鹅般的小舞裙，秋风一来女儿就感不适。调整了几天，既做雾化，又喷鼻子，才控制下来。熟睡的女儿用一只小手搂抱着那只北极熊。站在她的小床边，轻轻地用手去拿时才发现北极熊已被她身上的汗浸湿了。我很庆幸，自己到底寻找到了北极熊，三岁的女孩对此不会分得清楚。可我分得清楚。也许是心情所至，同女儿先前拥有的各类小熊相比，北极熊的模样怎么看都有一份与众不同的尊贵。

返家的那天早上，我离开马迭尔宾馆，离开著名的中央大街，沿着陌生的街道独自走了近半个小时，走马观花般越过三处穿着红衣绿裤挥舞着过于夸张的大扇子，忘我地跳着大秧歌的女性群落，进到一处街道被挖得千疮百孔，在拆旧楼和待建新楼相互映衬，虽不是百废待兴却貌似百废待兴的地方。临街的一些小店门口仿佛还有昨夜的杀猪菜在飘香。这些房子没有任何值得夸夸其谈的历史，包括建筑时间，其模样却比将中央大街垫得如此著名的那些石头还陈旧。据说，依照各种自然和非自然磨损的规律，那些有幸铺在中央大街上的石头还有二百余年的时光供其炫耀。以我将要进入的那座名为玩具城的楼房为中心的这一大片街区，哪怕它承传着这个城市的真正日常，因为平常得近乎平庸，从竣工的那一天起就注定会早早地重归尘土。按照行业分类，女儿所期盼的北极熊应该在玩具城的二楼或三楼。从二楼到三楼，再到二楼，再到三楼，记不得有几个卖主对我说过相同的话，北极熊有啥好看的？好在我终于找着北极熊了，那是在第三次来到二楼的一个角落里，一个中年女人从一大堆绒毛玩具中拎出一只北极熊扔到我面前，特地说了一句，你要是昨天来我也没货，这是昨天晚上送来的。回到宾馆，送行的东道主已经等在房间里。都以为我没找到北极熊，有人带来一只可爱的小白熊，另一位更是送给我一只打开来可以放进一卷卫生纸的绒毛狗。勉强说过谢谢后，我打开手里的包裹，取出那只北极熊。在一阵不大的惊呼声中，夹着一句疑问：北极熊怎么是棕色的？我一下子愣住了。是啊，从来北极熊都是白色的。卖主的货物中本有一只白色的北极熊，但在一念之间，我觉得棕色的更耐脏——说到底，在潜意识里自己还是有着同许多人一样的念头：这不过是件玩具！一如平时我们所想：这不过是一些房子！这不过是一座城市！任何时候，高贵与平庸就是这样只有一念之差，所以当年的中央大街才能成为哈尔滨后来的形象，才能用当下叫得最响的一种观点来形容我所理解的哈尔滨：百年来的历史已经证明，中央大街的建设走的是一条可持续性发展之路。换言之或者说是推而广之：可持续性发展的根本要素不是时髦和时尚，而是一种弥漫在灵魂中的高贵。

我又想到了“马迭尔”。在一切“摩登”面前，我们无非处在两种角度之下。在部分人那里，它不过是生活游戏中一种新颖玩法，可以一只脚伸进去，也可以两只脚全伸进去，无论哪种姿态，都是为了后来的抽身打转。在另一部分人那里，摩登的意义重大了许多，既是态度，也是目的。对于高贵来说，“摩登”是因故掉在地上的一只纽扣。我有些明白那些将白山黑水引到长江的贵族们没落下去的原因了。那天晚上，我们去一个地方观摩赫赫有名的东北二人转，坚持到最后的只有陈世旭、刘庆邦、臧棣和我，别的人都走了。走得最早的是徐坤她们。老家在沈阳的徐坤后来用她那惯有的将锋芒藏于无形的语气说了一句话，别处演出的二人转，更俗！更野！徐坤的话让我想起有人暧昧地说过的，要看真正的二人转就必须到县里去。我们见到的二人转已经有所节制干净了许多。然而，一想到如何用两个字来形容这种多少年前就在白山黑水之间广受欢迎的民间小戏，心里就冒出两个字：粗鄙。当年的白山黑水，当年的林海雪原，当年的帝国王朝，当年梦幻城市，在岁月的潮汐中一浪一浪地沉沦下去，留下如此末日狂欢般的且歌且舞。城市里的二人转，女人穿上了洁白的长裙，男人更是没有不是西装革履的，眉眼之际飞流的尽是时下的摩登。同所有末代帝王一样，主宰金上京的最后君王，也免不了日复一日地将摩登当成了高贵。这种精神日益下流的朝代，又岂能为天下万物花开流水东逝的真理所容忍！流传在民间的文化是历史进程的活化石。二人转当然不能例外，它的存在足以证明，一个时代的精神从高贵跌入粗俗时，这个时代便只能以悲剧存于历史。

有了这句话后，我才可以说，我到了一趟哈尔滨。

赣南大地|新三五年是多久

赣南是我如今常常要去，并且常常在心里牵挂的命定之地。

第一次去，却是五年前的春节。那是我头一回陪妻子回娘家。年关时节，火车上人很多，就连软卧车厢也没法安静下来。火车在赣州前面的一个小站停了几分钟。我们抱着只有十个月的小女儿，迎着很深的夜，就这样几乎什么也看不见地踏上了总是让我感到神秘的红土地。到家后的第一个早晨，那座名叫安远的小城，就让我惊讶不已。包括将一汪清水笔直流到香港的三柏山，和小城中奇怪地起名天灯下的古朴小街。我是真的没想到赣南的山水如此美妙，第一次行走在她的脊背上，天上下了雨，也落了雪，浓雾散过之后，冬日暖阳更是习习而来。从安远回武汉，那段路是白天里走的。山水随人意，美景出心情，这样的话是不错。回到湖北境内，将沿途所见一比较，就明白对什么都爱挑剔的香港人，为何如此钟情发源于赣南的东江秀水。

我是在大别山区长大的，上个世纪二三十年代，鄂东和赣南两地有着非常特殊的渊源。在安远的那几天，妻兄不止一次地对我说起，此地从前也是苏区，在政治上三起三落的邓小平，第一次就“落”在安远。那一天，他带我去看毛泽东著作中屡次提及的“土围子”，当地人称为围屋的建筑奇观。汽车先在一处苍凉的废墟前停下来。妻兄说，从前，这里是一处围屋，赣南一带最早闹革命时，里面曾经驻扎着一支工农红军的部队，号称一个营，其实也就一百多号人。那一年，他们被战场上的对手围困住了。对手虽然强大，却屡攻不下。对峙了一个月后，一架飞机从天际飞来，将一颗颗重磅炸弹扔在做了红军堡垒的围屋之上。曾经坚不可摧的围屋被炸成了一堆瓦砾，红色士兵的血肉之躯，没有一具是完整的。历史的围屋有的毁于一旦，有的仍旧生机盎然。当我站在另一座名为东山围的真正的围屋中间，庞大的古老建筑，超过一千人众的鲜活居民，还有围墙上那一只只被迫击炮弹炸得至今清晰可辨的巨大凹陷，心里情不自禁地想像，曾经有过的残酷搏杀是如何发生的。

我们这一代人是在革命文化中泡大的。从能识字起，就抱着那一卷接一卷仿佛总也出版不完的革命斗争回忆录《红旗飘飘》看。围剿与反围剿、遵义会议与四渡赤水、爬雪山与过草地、《十送红军》与《长征组歌》等等词汇及凄婉壮美的歌曲，自然而然地成了文化修养的一部分。在时代快车面前，历史真相往往擦肩而过也难为搭乘者所知之。如果仅仅是一次接一次的探亲之旅，老岳父退休之后所种植的丰饶的柑橘园，会同无数相同的青翠一道，多半会将红土地上的壮烈定格成用勤劳换得的甘美。

二〇〇五年五月十三日，在南昌与中国作家重访长征路采风团的同行一起，同江西省委负责同志座谈时，大部分话题还在赣南柑橘味之美已经成为世界第一上。第二天的午后，车到瑞金，在扑面而来的遗址遗迹面前，脑子突然冒出小时候读过的一篇文章：《三五年是多久》，并惊讶于它在心里深藏了这么多年，居然一点也不曾丢失。当年红军仓促离开瑞金时，一位老大娘拉着红军战士的手，问何时能够回还。红军战士说三五年。老人等了三年不见亲人回，等了五年还不见亲人，她以为三加五等于八年，可是还不行，等到当年的红军战士真的回来时，她一算：三五一十五，原来是十五年。

隔一天，到了兴国县，才晓得还有比老人的等待更让人为之动容的。一位当年刚刚做新娘的女子，自红军长征后，多少年来，每天都要对着镜子将自己打扮得整整齐齐，然后去那送别丈夫的地方，等候爱人的归来。这位永远的新娘，从来就不相信那份表示丈夫已经牺牲的烈士证明书。她只记得分别的那个晚上，那个男人再三叮嘱，让她等着，自己一定会回来陪她过世上最幸福的日子。我们到兴国前不久，一直等到九十四岁的新娘，终于等不及了，她将生命换成另一种方式，开始满世界地寻找去了。

这样的等待让人落泪。还有一种等待则让人泣血。在兴国县一座规模宏大的纪念馆里，挂满了元帅和将军的照片与画像。在将星闪耀的光芒下，讲解员特地告诉我们，新中国成立后，一位将军以为革命成功了，家乡人肯定过上好日子了。将军高高兴兴地回到家乡，发现当地仍旧那样贫穷，便流着泪发出誓言，家乡不富不回来。

这些事，在过去都曾有过书面阅读。站在赣南的红土地上，我才感受到这一切原来如此真实。就像后来到了贵州的铜仁地区，几十年后的今天，那里的生活还是如此艰苦，不时能见到公路旁竖立着国务院所认定的贫困县的石碑。那里的道路还是如此险峻，虽然乘上了汽车，走完每天的行程一个个还是累得腰酸背痛。遥想当年，那种困苦更是何种了得！

私下里我问过一位兴国人，那位非要等到家乡富了再回来的将军后来如何，对方只是轻轻地一摇头，随后一转话题，告诉我另一个故事。上个世纪八十年代，兴国和于都两地曾经流传一句话：兴国要亡国，于都要迁都。说的是当地的贫穷。有一次，国务院派的一个调查组来到某地，村干部为他们做了三菜一汤，三个菜做熟了，剩下一个汤因为没有柴禾了而烧不开。无奈之中，村干部只好将自己所戴的斗笠摘下来，扔进灶里当柴禾烧了。因此我便猜测，那位为家乡人过好日子忧心如焚的将军，后半生将过得比当年的长征还艰难，因为，在他心里除了作为执政党的一员，所必须继续坚持的党性长征之外，还有作为普通人的人性长征。感恩对一个人来说是一种道德。一个历经数不清艰难困苦才从受压迫地位上获得新生的政治组织，对执政基础的感恩，不仅也会被理解为良好道德，更是确保自身能够源源不断地获取新的政治资源唯一途径。如此，就不难理解，穿行在赣南红土地上的京九铁路，为何将科学常识抛在一边，而在被血与火浇浴和焚烧过的高山大壑中曲折前行。这些感动了历史的人民，有足够的力量让钢铁拐个弯。

那一天，在瑞金，顺路参观了当地规模最大的一处柑橘园。绿得有些忧郁的棵棵树上，结满了指头大小的青果。有人问我，老岳父的果园有没有这般大。当然这话是戏谑，同许多赣南人的选择差不多，老岳父的果园只有二十亩。从一开始，当地政府却制订了十足的优惠政策，任何一片柑橘园，从下种到收获，绝不收一分钱的税费。老岳父多次笑眯眯地说过，三五年过后就好了！老岳父所说不是三五一十五年，也不是三加五等于八年，不出三年，或者五年，那时，每年就能从这片果园里收益一万几千元钱。老岳父的柑橘园种得较早，如今已有了他所预期的收益。在他之后大大小小的柑橘园的兴起，宛如当年闹苏维埃一样火热。只要问起那些在新开垦土地上培育柑橘幼苗的人聊起来，一个个都会充满期冀地说着相同的话：过三五年就好了。果真这样，将军若是健在，一定会毅然还乡，与祖祖辈辈都在贫苦中挣扎的赣南人一起开怀大笑。长征精神是伟大的，更应该是勃勃生机的。离开瑞金之前，当年的红军总参谋部门前，几个当地的男人正在一棵参天古树下面忙碌着。看样子是在为盖新房预备桁条，有人拿着弯弯的镰刀在刨那树皮，有人挥动斧头，按照黑线将刨过皮的树进行斧正。

见到的人莫不会心一笑，这是意味，也是象征。

当年那位老奶奶所惦记的三五年，那份盼归的心情背后，是盼望那些庄重的允诺。即使她真的只怀着朴实的思念情怀，那也应该使得领受这份情感的人，更加牢记那曾经的千金一诺。

叁·村野

二郎镇 | 天 香

一座山从云缝里落下来，是否因为在天边浪荡太久，像那总是忘了家的男人，突然怀念藏在肋骨间的温柔？

一条河从山那边窜过来，抑或缘于野地风情太多，像那时常想往旷世姻缘的女子，终于明白一块石头的浪漫？

山与水的汇合，没有不是天设地造的。

在怡情的二郎小城，山野雄壮，水纯长远，黑夜里天空星月对照，大白天地上花露互映。每一草，每一木，或落叶飘然，或嫩芽初上，来得自然，去得自然，欲走还留的前后顾盼同样自然。

小雨打湿青瓦人家，晨曦润透石径小街。都十二月了，北方冰雪的气息，早已悬在高高的后山上，只需心里轻轻一个哆嗦，就会崩塌而下。小街用一棵树来表达自身的散漫和不经意，毫不理睬南边的前山，挡住了在更南边驻足不前的温情。

一棵树的情怀，不必说春时夏日秋季，即便是瑟瑟隆冬，也能尽量长久地留下这身后岁月的清清扬扬，袅袅婷婷。细小的岩燕，贴着树梢飘然而过，也要惊心一动，被那翅膀下的玲珑风，摇摇晃晃好一阵。当一匹驮马或者一头耕牛重重地走近，树叶树枝和裸露在地表外的树根，全都怔住了！深感惊诧的反而是鼻息轰隆的壮牛，以及将尾巴上下左右摇摆不定的马儿。

山水有情处，天地对饮时。一棵树为什么要将那尊沧桑青石独拥怀中？若非美人暗自饮了半盏，趁那男人半立之际，碎步上前，将云水般的腰肢与胸脯，悄然粘贴身后，临街诉说心中苦情，有谁敢如此放肆？乾坤颠倒，阴阳转折，将万种柔情之躯暂且化为一段金刚木，做了亿万年才炼就强硬之石的依靠！一如江湖汉子走失了雄心，望灯火而迷茫，将离家最近的青石街，当成天涯不归之路，饮尽了腰间酒囊，与数年沉重一起凝结街头，在渴求中得幸久违之柔情，再铸琴心剑胆。

山野雄壮，水纯长远，黑夜里天空星月对照，大白天地上花露互映。每一草，每一木，或落叶飘然，或嫩芽初上，来得自然，去得自然，欲走还留的前后顾盼同样自然。

有一种伟大叫平凡，有一种不朽叫短暂，一个人的笔墨总会是万千乡情的浓缩，一个人的永恒一定是无数关爱的集成。

到了天堂才晓得，世上的天堂各不相同。那是因为每个人心里，都有专属的天堂。

无所谓欢乐，欢乐再多，红叶也不会为了某种心情而特殊热烈。也不必矜持，含蓄再美，红叶也不会为了某种性格而改变明艳。

年复一年，日复一日，那些总让城市无法整理的清洁，随风入怀，汪洋肆意，毫无顾忌地游走在总是渴求一片冰蓝的情怀里。

没有哪座故乡不是有品格的，一个人走到哪里都有收获思想与智慧的可能，唯有故乡才会给人以灵魂和血肉。

小时候漂泊在外地，时常为没有故乡而伤心。成年之后，终于回到故乡，忽然发现故乡比自己更漂泊。

无论一个人来自何处，在共同面对山水草木，或者如小松鼠一样的小动物时，只要是为着共同的原因而欣慰，我们的心灵深处就不会有太多的区别。

树已微醺，石也微醺。

微醺的还有那泉，那水，那云，那雾……

所谓赤水，正是那种醉到骨头，还将一份红颜招摇于市。只是做了一条河，便一步三摇，撞上高入云端的绝壁，再三弯九绕，好不容易找到大岭雄峰的某个断裂之缝，抱头闭眼撞进将去，倾情一泄。有轰鸣，但无浑浊，很清静，却不寂寥。狂放过后是沉潜，激越之下有灵动。在天性的挥霍之下，桃花源一样的平淡无奇，忽然有了古盐道，以及古盐道上车马舟楫载来的醉生梦死，萧萧酢歌。

所谓郎泉，无外乎将人生陶醉，暂借给潜藏在亿万年的岩层中，那些无从打扰的比普通水还要普通之水。这样的泉水，看得见红茅草和白茅草的根须，年复一年，竭尽所能地向最深处，送去一颗颗针鼻大小的水滴。只是不知这些年，又有了多少草根的汗珠！相同道理，这泉水少不了清瘦黄花，冷艳梅花在爱恋与伤情中，反复落下的泪珠。任谁都会记得其中多少，只是无人愿意再忆伤情抑或残梦重温。在有诗性的白垩纪窖藏过，再苦的东西，也会香醇动人。

流眉懒画，吟眸半醒。

临水泛觞，与天同醉。

似轻薄低浅的云，竟然千万年不离不弃！

分明貌合神离的雾，却这般千万年有情有义！

云在最高的山顶苔藓上挂着，雾在最低的河谷沙粒上歇着。一缕轻烟，上拉着云，下牵着雾，一时间淡淡地掩蔽所有山水草木，仿佛是那把盏交杯之性情羞涩。还是一缕轻烟，上挥舞着云，下鞭挞着雾，顷刻间酽酽然翻滚全部悬崖深壑，宛若那鸿门舞剑之酒肉虎狼。淡淡的是淡淡的醇香，酽酽的是酽酽醇香。淡淡之时，一朵梅花张开两片花瓣，如同云的翅膀，酽酽之时，两朵梅花张开一片花瓣，仿佛雾的羽翼。偶尔，还能听到一块石头尖叫着，从梅的花蕾花瓣堆成山，也高攀不上的地方跳出来，夸张了一通，然后半梦半醒地躺在野地里。让人实难相信，世上真有不胜酒力的石头？

是往日珊瑚石，还是今日珊瑚花？映着幽幽意，从山那边古典地穿越过来，又穿越到山那边的二郎小城。

是一只岩燕，还是一群岩燕？带着剪剪风，从云缝里丝绸般落下来，又落在云缝里的二郎小城中。

山水酿青郎，云雾藏红花。山和水的殊途同归，云与雾的天作之合，注定要成就一场人间美妙。舒展如云，神秘像雾，醇厚比山，绵长似水。谁能解得这使人心醉的万种风情，一样天香？

江 油|铁的白

不管走到哪里，我都不愿改变在离开故土之前就已经刻骨铭心的那些称谓。每年的五月，纸质的、电子的、视图的、文字的传媒都在那里说，杜鹃花开了，而在口口相传的交谈中，大家还会说映山红开了。而我，不管走到哪里，不管有没有此类一路从南方开到北方的花，一旦必须表达这些意思时，我都会坚决地使用一个在多数人听来极为陌生的名词：燕子红。

我的燕子红盛极而衰时，涪江边的杜鹃花也开过了。

平原的川北，丘陵的川北，高山大壑的川北，地理上的变化万千，映衬着一种奇诡的沉寂与安逸。插秧女子的指尖搅浑了所有的江河，数不清的茶楼茶馆茶社茶摊，天造地设一般沿着左岸席卷而去，又顺着右岸铺陈而回，将沉沦于大水中的清澈清纯清洁清香，丝丝缕缕点点滴滴地品上心头。相比牵在手中的黄牛与水牛，驾犁的男人更愿意默不作声，毫不在意衔泥的燕子一口接一口地抢走耕耘中的沃土，这种季节性失语，其关键元素并非全由时令所决定。多少年前，那个来自北方的大将军邓艾，以三千残兵马偷袭江油城，守将要降，守将之妻却主战，留传至今，已不止是一方沧桑碑文。后来的蜀国只活在诸葛亮的传说中，而不属于那个扶不起来的刘阿斗。后来的江油同样不属于那个献城降敌的守将，让人铭记在心的是那嫁了一个渺小男人的高尚女子。男人犁过的田，长出许多杂草的样子，并不鲜见。女子插秧，将生着白色叶茎的稗草，一根根挑出来远远地扔上田埂，是良是莠分得一清二楚。

在川北，我总觉得温情脉脉的女子在性别区分中更为精明强干。

一个男人说：花好月圆。

一个女人答：李白桃红。

男人又说：水冷酒一点两点三点。

女人又答：丁香花百头千头万头。

转回来轮到女人说：三层塔。

不假思索的男人说：七步梯。

这个女人却说：别急，我还没有说完——三层塔数数一层二层三层！

恃才傲物的男人目瞪口呆半天才说：七步梯走走两步一步半步！

惹得旁观的人一齐哄笑起来。

男人叫李白，后来曾让唐朝皇帝的庞臣高力士亲手为其脱靴。

女人是他的妹妹李月圆，后来无声无息，只留下一抔山中荒冢，一片白如细雪的粉竹。

流传在江油一带的故事说，为了安抚时年尚幼的李白，父亲出了一副对联："盘江涪江长江江流平野阔。"兄妹俩分别对上："匡山圌山岷山山数戴天高。""初月半月满月月是故乡明。"后人都知道，李白将自己的毕生交付了诗，又将诗中精髓交付了月亮。此时此刻，作为民间最喜欢用来彰显智慧与才华的对联，男人李白又一次输给了女人李月圆。

到达成都的那天上午，赫赫有名的四川盆地被五月份少有的大雾笼罩着。出了火车站，等候多时的一辆桑塔纳载着我迅速驶上通往绵阳的高速公路，那一年，也曾走过这条路，去探望在川北崇山峻岭中的某个军事单位里当兵的弟弟。行走在那时候的艰辛完全见不到了，于疲劳中打了个盹，一个梦还没有开头，便在属于江油市的青莲镇上结了尾。“李白就出生在这里！”将一辆桑塔纳开得像波音七三七一样快的师傅伸出右手指了指出现在眼前的小镇青莲。那一瞬间，犹豫的我几乎问了一个愚不可及的问题：“哪个李白？”我在心里三番五次地打听。司机与李白的妻子同籍，都是湖北安陆人，所说的每一个字都在乡土与乡情的热潮中浸泡了许久。几天后，一位大学毕业后回江油做了导游的女孩，用一种比历史学家还要坚定的口吻说：“李白出生在我们这儿，《大百科全书》上就是这样记载的，郭沫若的判断是错误的。”差不多从第一次读唐诗时开始，凡是比我有学问的人全都众口一词地说，李白出生在西域小城碎叶。如果用国际上通行的籍贯认定法，李白应该是哈萨克斯坦人，而不是中国人。曾经被称为在此方面最具权威的郭沫若先生并不是唯一者，现今备受学界尊崇的陈寅恪先生，也是此种论断的始祖级人物。江油人非常相信哪怕是郭陈这样学富五车的大知识分子，面对浩瀚史学典籍，也会有力所不逮之处。他们所列举的古人名篇中，的确不乏自号青莲居士的李白其出生地亦是小镇青莲的白纸黑字。作为后来者，自然法则让我们与生俱来地拥有可以站在前人肩上的巨大优势，所以，面对前人的局限，任何贬损都是不公正的，我们所看到的前人错谬，应该是前人伟业的一部分。没有前几次的探索，江油人也不会有现在的理直气壮，说起那个跟着丈夫来江油避难的西域女子，在江油河边洗衣服，一条鲤鱼无缘无故地跳进她的菜篮，夜里又梦见太白星坠入腹中，随后便生下李白的故事，仿佛是那刚刚发生的邻里家常：还记得鲤鱼是红色的，嘴上有两条须，沾了水后阳光白闪闪的，一如后来李白诗中不同长者的白须白发！又记得拖着长尾巴的太白星，初入母亲怀抱时是凉飕飕的，一会儿就转暖了，这种来自天堂的温情，致使李白的生命从受孕的那一刻开始，就注定了自觉自洁的自由之身。

五月是一种季节！五月是一种灿烂！那一块块依山而建，有清风明月碧树新花相随的青石，因为李白的诗篇而熠熠生辉。阳光下碑刻的影子很小很小，诗魂的覆盖很大很大，弥漫着越过高高的太白楼，锵锵地归落到握在石匠手中的铁钎上。几乎在同一时刻，同行的众人一齐记起，多少年前，那位蹲在溪流之上，立志要将手中铁棒磨成绣花针的老太婆。天边飘来一朵无雨的白云，山上开着无名的白花，水里翻涌清洁的白浪，假如传说无暇，贪玩逃学的少年李白则是何其幸运，再不发奋，岂不是天理难容！在铁棒一定可以磨成针的真理之下，并非必须将铁棒磨成针。铁越磨越白，铁棒越磨越细，醉翁之意不在酒，一头白发苍苍的老太婆不经意间就将与铁毫不相干的李白，磨成能绣万千锦绣文章的空灵之针。磨成针的李白自江油而一发不可收，去国数千里，忽南忽北，去东往西，足之所至，诗情画意千秋万载仍在人间涌动。哪位老太婆哩？有谁还记得她的模样、她的姓名、她的伟大与不朽？一如隐藏在莽莽川北的小镇青莲——她造就了诗词的盛唐，却被盛唐的诗词所埋没，她造就了唯一的李白，却被李白的唯一所争议。有一种伟大叫平凡，有一种不朽叫短暂，一个人的笔墨总会是万千乡情的浓缩，一个人的永恒一定是无数关爱的集成。白发三千的老太婆想必是一位熟识人性的老母亲，对她来说，母爱是最容易被记起，也最容易被忘记的，此中道理与阅历一定被她早早经历过了。

又是一个女子！从童年到少年再到青年，一样样的女子每每在生活中所起的作用，当是决定李白一生一世以轻灵飘逸为诗风诗骨的某种关键！

“江油南面三十里处的中坝是川北商业荟集的地方，有小成都之称，从青杠坝出发向江油前进的七十里路程中，尽是平坦地带，种满了一望无际的罂粟，五颜六色的花朵，争芳斗艳，确是美观。这是入川后所看见的最大幅的罂粟地，良田美地上，竟为毒物所占用，不免感慨系之。”这是张国焘在回忆一九三五年率部进攻江油时所写的一段文字。当地人也说，当年川北的富庶完全在于有鸦片的种植与收获。在罂粟妖冶的迷惑面前，我很奇怪自己竟然游离了文学惯有的描写，不再习惯于用罂粟来形容某些女子，显现在思绪里的全是那些坐在茶馆里吸食鸦片，或者宁可扔掉刀枪也不肯放下鸦片枪的旧时川地男人。虽然罂粟与鸦片是外来的，李白那时还没有这类美艳的毒物，却丝毫没有妨碍川北男女在李白诗词之外的人生中分野出高下。阅读李白，满篇不见川北女子，满篇尽是川北女子，眼睛一眨，便会遭遇李月圆的温良，心灵一动，磨针老太婆的恭俭就能扑面而来。

铁因磨白而使成材，路因踏白而被行走。

没有磨白的铁是废铁，没有踏白的路是荒径。

那些没有载入李白诗篇中的川北女子却无损毁，一如既往地生活在以小镇青莲为诗意起点的整个川北大地上。就像李白以画屏相称的窦圌山，我所看重的不在于其诡其异，而是那朗朗如白雪的云。又像行走在当年李白求学匡山的太白古道，亦不在于那峥嵘崎岖，只想重蹈此中特有的于泥泞中自净的洁白山光。

宛如燕子红与杜鹃花、映山红，这样的山，我的乡土中也有，这样的路，我的乡土中也有。这样的山和路，人人都应拥有。

罗　田|灿烂天堂

到罗田，听到最多的话，总是与天堂有关。

如果是刚到的客人，很快就会有人上前来客气地问：去天堂吗？

当你还在犹豫时，又会有人插进来，认真地说，若不去一趟天堂，就是白来了。

换了外地人，谁不会在心里嘀咕：天堂虽好，哪能这样来去自由，随随便便。

不管别人怎么想，罗田人反正是说惯了。他们不在乎别人会想，天堂再好，也不如人间实在。他们还要问，是不是刚从天堂回，天堂好不好玩，天堂好看不好看？其实，罗田的天堂不在天上，罗田的天堂只在山上。他们说出来的是天堂般的概念，实际所指的不过是一座山。我的朋友在胜利镇外看到一幅横挂在公路上空的标语：胜利通向天堂，心里打着寒噤说，这种话不能细想。天堂虽是一种传说，慢慢地就真的成了一种境界。按照传说里的规律，要去那九霄云外的天堂，只有一条路可走，可这条路却是正常人和健康人所百般不愿见到的。罗田人所说的天堂，并不需要人用九死来换这特别的一生，也不需要人用心去造七级浮屠。罗田人自己常去，并且极力蛊惑别人去的天堂，其实就是大别山主峰天堂寨。它是两省三县的分界处，也是长江与淮河的分水岭。

围绕这座山生活的人有很多很多。出于风俗，别处人都严格地不将天堂寨叫做天堂。只有罗田这里的人敢这么叫。比较一山之隔的两省三县，罗田的发展最快，日子也过得最好。也许就是因为这一点，所以他们对天堂一类美好事物，比别人感受得快一些，深一些。一字之差，透露出来的是两样心境。

天堂应该是好地方。天堂也的确是好地方。

到了天堂才晓得，世上的天堂各不相同。那是因为每个人心里，都有专属的天堂。

通向天堂的路，喜欢沿着大大小小的沙河漂流而行，听任山溪山水山流洗尽心头的尘垢。一群在我的童年中叫做花翅的小鱼，还像我童年见过的那样，在清亮得不忍用手去掬的水汪里，彩云一样飘来飘去。河里的水与天堂那山上的水一脉相连，河里的风与天堂那山上的风一气呵成。还没到天堂，就能闻到天堂气息。小鱼花翅简直就是天堂那山脉上开着的季节之花，无需去看盘旋在群山之上的苍鹰，也不用去计较奔突在车前车后的小兽，适时的春光早就铺满了盘山而上的二十里草径。大别山里，让人印象最深的是那种只有斯时斯地才会叫它燕子红的花儿。燕子红不开则罢，一开起来整座山就像火一样燃烧起来。在天堂那山上，燕子红燃烧的样子太火了，就连满脸沧桑的虬藤古松，也跟着一片片兴奋地摇曳不止。

清水赏心，花红悦目。安卧在罗田境内的天堂自然无法脱俗。它将一座名叫薄刀峰的山铺在自己脚下，不肯让人轻而易举地达到心中目的。四周的高山大壑像是在共谋，同着远处的天堂一道，合力将一条小路随手扔在绵延数里的山峰上。曾经见过卖艺者的双脚游戏在街头的刀刃上，明知那刀不会太锋利，也还要为其发几声惊叹。薄刀峰是一把横亘在天堂面前真的利刃，在没有经历过它时，任何关于它的道听途说，都是苍白无奇的。如此高山大岭，竟有人能将它锻造为天地间的一种利器。小心翼翼地将双脚搁上去后，就不敢相信，自己的肌肤尚且完整。步步走来，唯有清空在左右相扶。一滴汗由额头跌落，在白垩纪的青石上摔成两半，无论滚向哪边山坡，感觉上都能一泻千里。

度人去往天堂的薄刀峰，无心设下十八道关。每每在刃口上走一段，面前就会有横生妙趣，兀现哲思。

山水自古有情，能读懂它则是一个人的造化与缘分。

我们相信这就是天堂，我们也认为自己来到了天堂。

天堂本来就是心中熟悉的美丽与灿烂。

天 姿

深情莫过深秋，红颜哪堪红叶。

沿着巴河水线边雪一样洁白的细沙，一程程逆流向上。将城市尘嚣丢在汽车的尾气里，再从纷乱如麻的通途中，选择一条用忧郁藏起残春的平常道路，远望大别山，伫对大别水，抢在偌大的北风到来之前，寻一寻温柔过往。直到那些像细沙一样多的传说，变成天堂寨下坚冰般纯情的巨石。

那些名叫九资河的田畈，那些名叫圣人堂的山冲，那些名叫千基坪的林场，凡此种种细微的地理，春风拂拂时，大小如同一朵花苞；此刻，因为秋已深，因为霜已近，才变得如同一片向着天空瑟瑟的红叶。

清风缕缕掠过，丝丝情意分不清是微寒或者稍暖，悄然颤抖只在心中，谁让她变成参天大树的摇晃，留下落叶漫天飘散，更使落叶幻化群山。青山座座扑来，重重喟叹想必是为着前世与来生，环顾求索才上眉梢，恍然间流泉飞溅白云横渡，只见得薄雾浓霞搂去了丰腴山坳，高挑峰峦。

五角枫红了，刺毛栗红了，鸡爪槭红了，茅草葛藤灌木林，一丛丛一片片地红了，最红最红的却是山间道道田埂上，处处土岸边，用一棵棵孤独聚集而成的乌柏林海。奔着秋色而来，可是为了追究人生某个元素？是少年用竹筢将太多太多的乌柏落叶收拢来，铺在自家门前晒成过日子的薪火？是青春将太艳太艳的乌柏落叶铺陈开来，陶醉成对所有岁月的倾情浪漫？那样的红叶，是任何一棵树都会拥有的火热之心。那样的红叶，是任何一个人都能点燃的蜡烛青灯。那样的红叶是藏得太久的心在轮回，那样的红叶是迸发太多的情在凝眸。

是昨日晚霞的宿醉，还是今朝晨露的浓妆？或者是二者合谋将天堂迷倒，摔落银河里的许多星斗，暂且栖身乌柏树梢。风不来时，绵绵红叶可忘情。雨不落时，磅礴红叶胜雨声。片片只只，层层叠叠，团团簇簇。终于能够不必相信灿烂等于匆匆，匆匆过后还有足以撼动心魄的重逢。终于明白夏天偶尔可忆春花，冬日永远记得秋色。

无所谓欢乐，欢乐再多，红叶也不会为了某种心情而特殊热烈。也不必矜持，含蓄再美，红叶也不会为了某种性格而改变明艳。平平常常踏踏实实就行，用挤满水稻酽香的沃土铺路，款款地走向用红叶燃烧的山野。轻轻松松明明白白亦可，受丛生花草芳菲的季节拥戴，悠悠然迈向用红叶拥抱的胸怀。没有忍耐，也不需要急躁。没有伤感，也不需要快乐。唯独不能缺席的是记忆中的怀念，或者是怀念中的记忆。红叶是情怀中的一颗心，红叶是一颗心中的情怀。记住了红叶，就不会有对赤诚的遗忘。

不用盼望，明年，明年的明年，还会在这里，不用纪念，去年，去年的去年，总会在这里。红叶让春花的来世提前，又让其前缘重现。百年乌桕将一切愁苦尽数冬眠在斑驳的树干上，又将红叶高擎于天，就像人世间总是需要的信心与信念。

秋叶一树，正如那座天堂大山的掌心红痣！

英 德 | 大巧若石

时下，只要踏上旅途，便不难看到道路两旁，哪怕是胡乱堆放，也还是有意安排的地方出产。英德当地出产一种名为英石的观赏石，在男男女女所说的活灵活现外，还有着相当古老的佐证。苏东坡当年两过此地，只为会一会那块名为九华的美石，头一回因为在贬谪途中，虽然见得了，有心无力带不走。后一回倒是拨云见日，曾经沐浴过的皇帝浩荡终于重现了，却又遗憾心仪的美石九华遍寻不得，纵然有雄文华章相伴，也免不了丢魂落魄，于旅途中撒手仙去。再有当年的米芾，而宁肯得罪朝廷宠臣，也决不放弃一块现存于美国大都会博物馆的英石。说起这些当然是一种扬眉吐气。可英德人还是很委屈，由于一部《水浒》而在民间话语中变得赫赫有名的生辰纲中，英石占了相当部分。毕竟山高水远险阻重重，一有变故，偌大一块石头肯定会在民夫们的亡命途中第一个被抛弃。苏州、无锡等地便有石为证。英德人在乎的不是自己的石头被人拿去了，无论是皇亲国戚达官贵人，还是浪荡学子布衣平民，石头不分大小，人众不辨贵贱，只要是拿走石头的，都会受到他们的欢迎。让他们觉得抱屈的是，好好的英石，大大的英石，只是因为身在苏杭，便被活生生地改了名分，成了本与太湖一点也不相干的所谓太湖石，好似往日的良家女子，只要流落秦淮河上，便一定得改头换面，用那些芳芳香香翠翠柳柳的意思作为姓名。

好山好水的英德，正是将人世间的稀奇应在天造地设的石头上。所以他们才为从来都是身外之物的名谓，毫不含糊地较真！踏上英德地界，眼皮一眨，就能见一块雄奇俊异的大石头，立在街头，是为街景；立在庭院，是为家景；立在旷野，是为风景。而那些立在路旁的石头，如果是形单影只的，还可以一眼望去，喜欢了就多看几下，审美疲劳了，也不必往心里去，熟视无睹就行。就像沙漠戈壁上的沙暴，那小小的，亦可以当成大漠孤烟直。让人惊心动魄的是沙暴骤然疯狂起来，赶上无处躲藏，只能呆在如蜗牛般前行的汽车时，唯有任它们呼啸在车窗外。那天在英德，就是这样。汽车三弯两绕后，如耳熟能详般见惯了一个个在各处流连的所谓英石，猛然间发现公路两旁雄立着望不到边的森林一样的奇石铺天盖地而来，心中诧异也就可想而知了。

那重重叠叠前的美轮美奂，那鬼斧神工下的酣畅精妙，那无以复加后的旷世奇葩，想形象的尽可以在其中形象，要抽象的尽可以于其中抽象。现实主义也好，现代主义也罢，艺术的林林总总，不仅全都可以在自然天成的此地寻觅到，坦率地说，就算是那些名声显赫的著名雕塑作品，如果搬来此地，对照之下，也会相形见绌。这许许多多的奇石，仿佛是昨日撒下的种子，趁着淅淅沥沥的春雨破土而出，一夜之间就能长大成形的。前人曾经有过定义，好的英石应该具备瘦皱漏透，四大特征缺一不可。如今的审美者不再受此局限，山野滴露，顽石穿心，细流涓涓，溶岩洗石。英石的漏与透想改也改不了，唯一的瘦，有二的皱，如今的选择就可以不同了。新发现的种种柔软舒曼，新崛起的种种婀娜风姿，新流行的种种绚丽妩媚，正如英德不再因三江总汇而继续以舟楫代步，新建的京珠高速公路和也快成为传统的京广铁路，天天都在沿线播洒新气象，古老的英石哪能不因之心动！

但凡山好水好的地方，一定要出一些稀奇事情。光有山不行，光有水也不行，非得两样上天宠物聚齐了，位于岭南的英德就是如此。英石之奇旷古以来都是为了给人看和玩。在英德的那天，我忽发奇想，以英石的四大特征来评判，当年苏东坡可以泛舟穿行的碧落洞，不就是一块巨大到不能再大的奇石么！如此，对英石的观赏就会多一个角度。那种只从外部相看的用不着说了，当我们舍身投入到各式各样如碧落洞一样的岩体之中，一边仰人鼻息，一边仰天长啸，体会那些被浊流放大的大岭之漏与峭壁之透，何尝不是一种从内部获得的洞察。至于那两座庞大的现代水泥工厂，仍然是事关英德之石的一种展望，那是用梦想来观赏，它所看到的只能是三江之上每一条细流的未来，以及细流之畔一方水土的未来。

拓林湖 | 一种名为高贵的非生物

一个人终其一生，不知会做多少荒唐事。那些立即就懂了的，自然是用同步进行的一笑了之。有些荒唐当时并不晓得，过去了，经年累月了，非要被某种后来才发生的事物所触发了，才会明白。

那一天，去到江西永修境内的柘林湖。到达湖边时，一路上不曾间歇的夏季豪雨，突然停了。徐徐退去云雾的水坝旁，更是突然露出一块标示牌，上面分明写着：桃花水母繁殖基地。桃花水母是学名，平常时候人都叫它桃花鱼。叫桃花鱼的人与叫桃花水母的人不同，只要开口就不难分辨出，是治学古生物的专家，还是天下人文故事的口口相传者。

多年以前的那个夏天，我曾经奔着桃花鱼而去，那是奔流不息的长江为桃花鱼最后一次涨水。秭归的朋友在电话里告诫，这几天不来看，就只能永远地遗憾了。依照家在三峡的朋友们的说法，桃花鱼也不是想见就能见到，排除了当地人，许多专门奔桃花鱼而来的人，两眼空空来与去的实在太多了。朋友所指人与桃花鱼的缘分，不是俗来俗去的所谓桃花运。就连当地人也说不清楚，同样的天气，同样的时辰，同样的水流，体态婀娜的桃花鱼有时候出来，有时候却不肯露面，不使那些渴望的人，一见钟情心绪飞扬。那时的桃花鱼生长在秭归城外的那段长江里。如九龙闹江的吒滩上，有一座每年大半时间都在江底隐藏着的鸭子潭。我去时，朋友在当地的熟人一律往天上望一眼，然后众口一词地断定，这天气，见不着的。在我与百闻不如一见的桃花鱼相逢在水边后，朋友才说，其实，他是最早持这种看法的人。我去的时候，小妖一样的桃花鱼，偏偏一身小资气质地现形了。多年以后，只要有审美的需要，就会情不自禁想到此种细细的九亿年前的尤物。譬如柔曼，譬如风流，譬如玉洁冰清，譬如款款盈盈，再也没有比得过这汪洋蓝碧之中所荡漾的了。

现在，我当然懂得，任何的绝色无不属于天籁，不要想着带她去天不造、地不设的去处。人的荒唐就在于，不时地就会冲动，想着那些非分之想。我从礁石那边的江流里捞起一只瓶子，洗净了，装了一只桃花鱼在其中，然后就上了水翼船，不等我回到武汉，刚刚接近西陵峡口的那座小城，绝色桃花鱼就在荒唐中绝命了。过完夏天，又过完秋天。一条大江在屡屡退却中，再次将鸭子潭归还给想念的人们。从满江浊水中脱胎出来的潭水一如既往地清澈，然而，这已不是桃花鱼灿烂的季节了。山崖上的红叶扬起凛冽寒风。江水终于不再退了。那座因为空前庞大和空前纷争而举世瞩目的大坝，如期将这条最自由和最独立的大江，彻底套上了枷锁。那些铺天盖地倒流而来的巨大漩涡，沿着枯干的江滩反扑回来，在不计其数的时光中，向来不惧怕激流浪涛的细细桃花鱼，当然无法明白，从不涨大水的冬季，一旦涨起大水来，注定就是她们的灭顶之灾。

失去桃花鱼的不是桃花鱼本身，而是那些以人自居的家伙。科学的意义自不待言，对于普通众生，他们失去的是不可再生的审美资源。后来的一些日子里，偶尔谈论或者是在书文中阅读桃花鱼，总也免不了会猜度，没有见过桃花鱼的人一天比一天多，当他们的阅历让其与那早已成为虚空的桃花鱼相逢时，传说中由四大古典美女之一的王昭君，涕泪洒入香溪河中幻化而生的桃花鱼，是否会被想像成北冰洋边人所尽知的美人鱼！

仿佛如幽深的思绪，柘林湖边的那块标示牌，不动声色地为我更换了一种旷远、静谧的背景。这样一片浩瀚的水面，宛如一本智者的大书，翻动其页面，又有什么不能告之于人的呢？清水之清，被风吹起，俨然那薄薄霜色铺陈大地。湖光自然，被山收拢，一似莽莽森林落光了叶子。在居所所在的武汉，人在天界伟力面前第一位敬畏的就是水。在水的前面，只要被称为武汉佬，便是个个见多识广。而柘林湖还是让我震惊。

年复一年，日复一日，那些总让城市无法整理的清洁，随风入怀，汪洋肆意，毫无顾忌地游走在总是渴求一片冰蓝的情怀里。

于是，我在想，在桃花鱼古老的生命里，真正古老的是那份不与任何尘俗同流合污的高贵。宁可死于每一点来历不明的污染，也不改清洁的秉性。宁可葬身万劫不复的沧浪，也不放弃尊严随波逐流。与柘林湖水同游，时常有滴水成线的细微瀑布，送来深厚修养的轻轻一瞥；翡翠玛瑙散开的小岛大岛，也会端明九百九十几个情爱，没有任何阴谋地坦荡说来。也许，柘林湖此时的高贵只是一种风景。对于人，是这样。桃花鱼却断断不会这样想，高贵是其生命中唯一的通行证，舍此别无选择。有桃花鱼的柘林湖，理所当然值得每一个有心人去景仰，并且还要深深感谢它，用怡情的清洁，用梦想的冰蓝，用仰止的浩然，在大地苍茫的时刻，为滋养一种名为高贵的非生物，细致地保养着她所必需的墒情。

肆 · 故乡

钢构的故乡

一个从哺乳时期就远离故乡的人，正如最白的那朵云与天空离散了。

小时候漂泊在外地，时常为没有故乡而伤心。成年之后，终于回到故乡，忽然发现故乡比自己更漂泊。

因此，漂泊是我的生活中最纠结的神经，最生涩的血液，最无解的思绪，最沉静的呼唤。说到底，就是任凭长风吹旷野，短雨洗芭蕉，空有万分想念，千般记惦，百倍牵肠挂肚，依然无根可寻和无情可系。

在母亲怀里长大的孩子，总是记得母乳的温暖。

在母亲怀里长大的孩子，又总是记不得母乳的模样。

因为故乡的孕育，记忆中就有一个忽隐忽现的名为团风的地方。

书上说，团风是一九四九年春天那场叫渡江战役的最上游的出击地。书上又说，团风是抗日战争时期，国内两支本该同仇敌忾的军队，却同室操戈时常火并的必争之地。书上更说，团风是改变中华民族命运的赤色政党中两位创党元老的深情故土、痴情故地。

著书卷，立学说，想来至少不使后来者多费猜度。就像宋时苏轼，诗意地说一句，人道是三国周郎赤壁，竟然变成多少年后惹是生非的源头。苏轼当然不知后来世上会有团风之地，却断断不会不知乌林之所在。苏轼时期的乌林，在后苏轼时期，改名换姓称为团风。作为赤壁大战关键所在，如果此乌林一直称为乌林，上溯长江几百公里，那个也叫乌林的去处，就没有机会将自己想象成孔明先生借来东风，助周公谨大战曹孟德的英雄际会场所了。

书上那些文字，在我心里是惶惑的。

童年的我，无法认识童年的自己。认识的只有从承载这些文字的土地上，走向他乡的长辈。比如父亲，那位在一个叫刘垸的小地方，学会操纵最原始的织布机的男人；比如爷爷，那位在一个叫林家大垸的小地方，替一户后来声名显赫的林姓人家织了八年土布和洋布的男人。从他们身上，我看得到一些小命运和小小命运，无论如何，都不能将这位早早为了生计而少能认字的壮年男人，和另一位对生计艰难有着更深体会而累得脊背畸形的老年男人，同那些辉煌于历史的大事伟人，作某种关联。

比文字更让人难以置信的是亲人的故事。

首先是母亲。在母亲第九十九次讲述她的故事时，我曾经有机会在她所说的团风街上徘徊很久，也问过不少人，既没有找到，也没有听到，在那条街的某个地方，有过某座祠堂。虽然旧的痕迹消失了，我还是能够感受到生命初期的孤独凄苦。当年那些风雨飘摇的夜晚，母亲搂着她的两个加起来不到三岁的孩子，陪着那些被族人用私刑冤毙的游魂。一盏彻夜不灭的油灯，成了并非英雄母亲的虎胆，夜复一夜地盼到天亮，将害怕潜伏者抢劫的阴森祠堂，苏醒成为翻身农民供应生活物资的供销社。

其次是父亲。父亲的故事，父亲本人只说过一次。后来就不再说了。他的那个一九四八年在汉口街上贴一张革命传单，要躲好几条街的故事，更是从一九六七年的大字报上读到的。那一年，第一次跟在父亲身后，走在幻梦中出现过的小路上，听那些过分陌生的人冲着父亲表达过分的热情，这才相信那个早已成了历史的故事。相信父亲为躲避“文革”斗争，只身逃回故乡，那些追逐而来的狂热青年，如何被父亲童年时的伙伴，一声大吼，喝退几百里。

还有一个故事，它是属于我的。那一年，父亲在芭茅草丛生的田野上，找到一处荒芜土丘，惊天动地地跪下去，冲着深深的土地大声呼唤自己的母亲。我晓得，这便是在我出生前很多年就已经离开我们的奶奶。接下来，我的一跪，让内心有了重新诞生的感觉。所以，再往后，当父亲和母亲，一回回地要求，替他们在故乡找块安度往生的地！我亦能够伤情地理解，故乡是使有限人生重新诞生为永生的最可靠的地方。

成熟了，成年了，越喜欢故乡。

哪怕只在匆匆路过中，远远地看上一眼！

哪怕只是在无声无息中，悄悄地深呼吸一下！

这座从黄冈改名为团风的故乡，作为县域，她年轻得只有十五岁，骨子里却改不了沧桑。与一千五百年的黄冈县相比，这十五年的沧桑成分之重，同样令人难以置信。最早站在开满荆棘之花的故乡面前，对面的乡亲友好亲热，日常谈吐却显木讷。不待桑田变幻，才几年时间，那位走在长满芭茅草的小路上的远亲，就已经能够满口新艳、恣意汪洋地谈论这种抑或那种项目。

爷爷奶奶，父亲母亲，是故乡叙事中的永久主题。太多的茶余饭后，太多以婚嫁寿丧为主旨的聚会，从来都是敝帚自珍的远亲们，若是不以故乡人文出品为亘古话题，那就不是故乡了。有太多军事将领和政治领袖的故乡故事，终于也沧桑了，过去难得听到熊十力等学者的名字，如今成了最喜欢提及的。而对近在咫尺的那座名叫当阳村的移民村落的灿烂描绘，更像是说着明后天或者大后天的黎明。

一个人无论走多远，故乡的魅力无不如影相随。

虽然母亲不是名满天下的慈母，她的慈爱却足以温暖我一生。

虽然父亲不是桀骜尘世的严父，他的刚强却足以锻造我一生。

故乡的山，丘陵得漫不经心，任何高峰伟岳也不能超越。

故乡的河，浅陋得无地自容，任何大江大河都不能淹没。

故乡是人的文化，人也是故乡的文化。那一天，面朝铺天盖地的油菜花野，我在故乡新近崛起的亚洲最大的钢构件生产基地旁徘徊。故乡暂时不隐隐约约了，隐隐约约的反而是一种联想：越是现代化的建筑物，对钢构件的要求越高；历史渊源越是深厚的故乡，对人文品格的需要越是迫切。故乡的品格正如故乡的钢构。没有哪座故乡不是有品格的。一个人走到哪里都有收获思想与智慧的可能。唯有故乡才会给人以灵魂和血肉。钢构的团风一定是我们钢构的坚韧顽强的故乡。

一只松鼠的城市

作为城市的武汉越来越大了，即便对久居此地的人来说，因为越来越摸不着边际，也还是认为太大了。就像巨人也有最小的童年，哪怕城市大得都要超越我们的理智了，唯一不能改变的是它的缘起。对于在绝大多数时间里只能靠着感情维系人，这样的缘起更是一刻也少不得。也正是如此，只要有一点点理由，不管事隔多少年，也不管这些年的记忆中平添了多少事情，依然清晰地记起自己移居城市后第一个早晨的情形。

那一天我醒得特别早，除了对新环境不适应和身处新环境后免不了会出现的小小兴奋，关键在于我后来才发现的，人在城中，永远也不可能比城市醒得更早。不比乡村，只要愿意，随便哪一天，都可以自由自在地抢在前头，仿佛不久后渐渐有了动静的乡村是被自己所唤醒的。从永远比人醒得更早的城市中醒来后，突然发现自己像是被置于街头。这种感觉让我情不自禁地生出一丝恐慌。那些从小到大一直陪伴着的清晨之清和自然之晨不见了，取而代之的是满屋浮尘气味。这样的气味当然不可能让一个突然闯入的陌生人心生踏实。

城市总在自以为是，哪怕一时一刻也不肯将先行醒来的机会让出去。从这种浮尘满天的时节中醒来后，出了门。路灯大约是见惯了这些，不将城市醒来当回事，还在街道旁昏昏欲睡。也不是有过预设，但也绝不是没有任何预设，我沿着很不习惯的空气与道路，走向自己一心想在清晨进去走一走的那个地方时，心里应该早就积淀了许多城市生活的法则：譬如早晨要去的公园，譬如傍晚要去的公园，譬如假日要去的公园，还有其他一些譬如相爱了、譬如忧伤了等等都要去一去的公园。就像必须会搭乘公共汽车，必须会站在街边大口大口地吃热干面，身居城市不会逛公园的生活同样是不可想象的。

独自走进解放公园的那天早上，草地的平铺虽然是人意而非天意，树林也是按匠心而非天才栽种得整齐划一，包括那些假的山水，还是让我动心了。虽然无法体察每一棵树，更不可能去认识每一株草，我却相信多年之后自己一定还会记得这里的每一棵树和每一株草。事实上一点也没错，多年之后，我已走过太多的地方，天山上的雪莲，塔克拉玛干沙漠中的红柳，查果拉山口上的苔藓，棒槌岛海底的海草，记录的事物越多，值得记忆的事物便更加突出。那时候，我一点也不晓得解放公园的背景。直到现在我也仍然不在乎它在哪种地理范围内是为最大的城中森林公园。我只在乎一片树叶和半根草茎在自己心中的地位。我看重的是这叶片托起的清风，以及这草茎找到的水土。我看重的是如此清风能够洗礼人生际遇，以及如此水土能够护佑命运沉浮。

在以后的日子，我总在这座公园里开始自己新一天的生活。我必须摘下轻轻一踮脚就能接触到的某棵树上的一片叶子，或者是随意弯一下腰就可以掐在指间中的某一根小草，放在鼻尖上嗅一嗅后，阳光才能从心中升起来。我曾经将此作为一个藏得很深不曾示人的细小秘密。事实上，在这个细小秘密的背后，还有一个更加细小的秘密。早晨的我来到早晨的公园，是想冲着那只细小的松鼠轻轻一笑。公园出现在我生活里最初的那个早上，是那些长在陌生地方的山水草木，帮我找回了心灵中最不能失散的熟悉。之后，便是那只最让我意料不到的小松鼠了。

因为是冬季，那天的草丛十分荒芜，小松鼠突然钻出来时，我倒是没有意外，也没有将它想成别的鼠类。因而那一声格外清脆的“叮当”，还使我望见了那只大概是头天夜里被谁弃下的易拉罐。大约是被小松鼠碰了一下，易拉罐还在草丛中轻轻地晃动，至于小松鼠，则是将那可爱的尾巴，像捉迷藏的孩子一样突然从草丛中竖起来，不待多想便轻盈地跃上一棵大树，再跃到另一棵大树上，这才回头将小黑豆一样的眼睛转两转，就像是抛了媚眼过来。就在那一瞬间，我在心里笑了。很清楚，这是我来到这座城市后，头一次向着天籁而笑。笑过了，我才发现，相邻的另一棵树上，还有一只小松鼠。刚刚被我发现的小松鼠，正在用着相同的神情，朝着早一点出现的小松鼠妩媚地笑过去。这时候的我，孤单地笑得更加开心了。

几年后，我在华盛顿排着长队，等候进入美国国会大厦参观，旁边的公园里大约有几十只小松鼠在上蹿下跳。身在异国比之当年初涉异乡感觉又不一样，却有一样的松鼠在活跃着。我忍不住蹲下来，朝着离我最近的那只松鼠伸出手去，想不到的是，那只松鼠猛地蹿过来，在我的手腕上轻轻咬下一些齿印。疼痛之中，同行的作家们看到我手上的牙印，提醒我一定要注射狂犬疫苗。望着仍在咫尺之处独自嬉闹不止的松鼠，我说，有那个必要吗？说话时，我一直在笑，脑子里还浮现出在城市的第一个早晨里所见到的那些会妩媚地微笑的小松鼠。

在公园的草木间行走得多了，对城市的心情也开始豁然开朗。别人信不信，是不是如我所想，一点也不要紧，只要自己想出其中道理就行。于是在后来的日子，我一直在不断地对自己说，也对别人说，特别是那些执著于城市与乡村二元对立者：对于城市来说，公园其实是一处被微缩了的乡村，而乡村则是被过于放大的公园。无论一个人来自何处，在共同面对山水草木，或者如小松鼠一样的小动物时，只要是为着共同的原因而欣慰，我们的心灵深处就不会有太多的区别。公园是城市心灵的栖息地，乡村则是这类公园命定中的过去与未来。

母 亲

过年回家，有一种东西总在堵着我的喉咙。

我们是在黄昏时刻到家的。从车窗里望见系着旧抹腰的母亲，孤单地等候在院门外的那一刻，我第一次发觉，一生中最先学会、叫得最多、最了不起的称谓，竟然无法叫出声来。是女儿趴在怀里，冲着奶奶，响亮而又深情地替我叫了一声生命中最爱的母亲。母亲灿烂的笑容，分明是冬日苍茫中最美丽的景致。我的心却紧得很，阵阵酸楚直往眼底涌：国庆节放长假我们曾经回来过，才三个月时间，母亲又老了，并且老得格外厉害，许多次，我在电话中一边同母亲说话，一边想象母亲苍老的模样，眼见为实的母亲让我惊讶不已。在一段时间里，我一直不去看女儿绕在奶奶膝前撒娇的模样，只用耳朵去听她们一声声“好奶奶——好孙女”地相互叫着，并相互说着：我好想你呀！在听来的这些动静中，让我略感宽慰的是母亲的笑声，在女儿亲昵下，甚至还透露出一丝逝去多年的娇媚。

这么多年，记忆中唯一没变的是系在母亲身上的抹腰。母亲四十几岁时就病退在家，此后的三十年中，一件又一件的抹腰，也就是围裙，就成了她日常生活中最主要的“时装”。回家之前，妻子拉着我特意去商场为母亲买了一件枣红色绣花中长棉外套，我们非常满意，拿给母亲试穿，母亲也非常满意。初一早上，母亲走出睡房后的模样，竟然没有一个人及时看到。临近中午，大家在院子里晒太阳，我问母亲为何不穿那件新衣服。话刚说完，我就发现，那件新衣服其实早已穿在母亲身上。母亲在穿上新衣服的同时，亦随手系上那件沾着油污、补有补丁的抹腰。

母亲的过分苍老，主要原因在于父亲。腊月底，二叔带着二婶来武汉医治青光眼，见面后聊起家事，二叔二婶毫不客气地表示，八十一岁的父亲在所有事情上越来越任性而为，完全是母亲宠坏的。父亲将自己可以有些作为的岁月，全部献给了他曾百般信任的乡村政治。如今回过头去看，父亲这辈子从未弄懂得过什么是政治。离休后第一个十年，父亲结交了一批钓鱼的朋友。第二个十年，父亲不能钓鱼，只能打些小麻将，于是就有了一批老赢他钱的牌友。第三个十年开始后，父亲的体能只够在院子里养养花，仅仅剩下两位爱花的老朋友就成了必然的事。于是，已到了“现在的事记不得、过去的事记得清”阶段的父亲，就用那貌似清醒明白的糊涂，开始了对母亲仿佛不近情理的导演。越来越靠潜意识生活的父亲，迫切需要有人来出演往日工作与生活中相伴过的那些角色。譬如他不让母亲洗被子，母亲没有听信，父亲便夺过被子，放到砧板上，用菜刀剁得稀烂。譬如，锅里的饺子煮好后，两位孙子像请示工作一样去问他，可以吃几个。几经反复，他才哼一声：八个。那样子十分像小时候看战斗故事片，日本人伸着手指比划：八路的有？

母亲是天下最常见的那种任劳但不一定任怨的妻子，心里有委屈，就会在儿女的面前一一数落。吃着母亲亲手做的饺子，心中塞满了母亲这辈子太多的辛苦、辛劳和辛酸。不由得，我们也会跟着母亲抱怨父亲几句。然而，母亲往往不给我们哪怕一丁点的过渡，只要父亲那里有任何动静，她便即刻赶过去，那种敏捷与由衷，每每让满屋子的晚辈自叹弗如。

到家的第二天，我抢先起床，打算做一顿早饭给母亲吃。

正在忙碌，母亲出现了。她笑我这么多年没烧煤了，还能记得如何生煤炉子。我也笑，却没有说，因为怕生不着煤炉子，而比她多用了两倍以上的引火木炭。母亲说她整个冬天都不敢烧煤，她那手像豆腐渣，不晓得为什么，只要一沾煤，就会裂得大口子连着小口子。

我想起前年母亲在武汉过年。母亲当时之所以同意在外面过年，是因为那一身折磨她多年的疾病实在不能再拖下去，答应我们年后上同济医院彻底治一治。为了陪伴母亲，我们要了一间温馨病房。手术之后的母亲从麻醉中醒来，顾不上疼痛就开始后悔，治病哪能像住宾馆。无论我的稿费来得容易和不容易，在母亲看来都不应该如此为她花费。母亲住院的那半个月，是迄今为止，我对她最为孝顺的日子。印象最深的一件事是坐长途客车来看望的大姐，捧着母亲的手说，真像是姑娘的手。那一刻，母亲笑得十分满足。

母亲的手是那乡村沃土，只要一场雪，就会变得风姿绰约光洁照人，然而沃土之意义不是妩媚其表，而在于内里中长久的奉献。此时此刻，不烧煤的母亲双手上那些隐约带血的裂口子，只是稍细了些，会不会少一些都说不准。

大清早，母亲一边和我说着话，一边随手将我正在做的各种事顺手接了过去。而我也像以往每次回家那样，不自主地就顺从了母亲。直到这顿早饭做好后端上桌子，我才重复着从前，在心里责备自己，怎么连这么小的一点事情也替不了母亲哩！守岁的那夜，过了零点，我一再吩咐母亲初一早上好好睡一觉，那些该做的事，由我起床做。一夜好觉被邻居家的鞭炮惊醒，匆匆起来也放了一大串迎新年的开门吉响。我真的不晓得，做儿子怎么会如此滥用母亲的慈爱，无论我如何告诫自己，到头来一切如故，母亲轻轻地走近来，不用费力争夺，只需稍一抬手，我就放弃了为母亲分担点什么的诺言。

就这样，我伤心地发现一个可能属于天下所有男人的秘密：不要相信儿子对母亲的承诺，不是儿子们不孝顺，只因为母爱太伟大了，做儿子的到老也离不开。

在家的那几天，母亲曾问她的孙女："我到你家去住好吗？"女儿想了想才回答："我家住七楼，奶奶你上得去吗？"女儿没有笑，我也没有笑，唯有母亲在那里开心地笑着，一切答案仿佛都与己无关，就像母亲这辈子所走过的，七十岁、八十岁和一百岁都不是目的，真正属于她的只有这些日复一日，让我这做儿子的想得心疼的实在小事。那一天，我将女儿叫到身边，故作神秘地问，将你的奶奶借给我当母亲好不好。女儿明白我在逗乐，一边说奶奶本来就是你的母亲，一边像小猫小狗一样快乐地跑开了。所有的青春少女都是在快乐中渐行渐远，直到无影无踪，留下来陪伴终生的都是不再将爱字说出口的老母，那才是每一个人的至亲。

也是山

上山后，我道：果然。

这心里话是回答上山前自己的想法的。那时，感觉里认定大崎山应该是掬几捧龙王井里绽放的水花，给双手染上一份圣洁，去岩头涧尾采撷唇红般秋果的季节。

风吹瘪了山的肚子。

风吹壮了我们的腰身。

矮矮的是树冠、矮矮的是峰头、矮矮的是云层，我们站在那里，寻找高高的还有谁呢？不知道时，就拼命地说着快活话。问谁愿意当压寨夫人？答谁愿意当债主？一阵肆无忌惮的推选后，又说压寨夫人是抢回的才能镇得住山。又有一番融贯古今的计划，引发山间一阵漾于林涛之上的嬉笑。又问，这好美好美的去处，谁愿意在这里过一辈子？忽地一下大家都安静下来。许久，才有人心虚地说小住一段还行——等了半天，再无下文。

像少年糊涂乱抹一样不知留下几笔舒坦的高山大岭，包容了人生中的全部苦难和忧伤，艰辛和困惑。

父亲对我说，他小时候每天一面跑五十里路到大崎山砍一担柴。

我对父亲说，我小时候每天一面跑三十里路到余家冲砍一担柴。

大崎山在黄冈，余家冲在英山，都是由大别山用泪水和汗水浆砌而成的。

父亲说：你小时候没有我小时候苦。

我说：你那是旧社会，我这是新社会。

母亲连忙出来圆场，唤着我的乳名说一家姊妹五个就你吃苦最多。

这些也是在上山前说的。母亲忧伤的回忆几使我欲弹珠泪。

看看这山，不能不再次想起父亲。用松枝撩开雾带，想找见哪条路是父亲曾赤脚丈量过的。用亲情嗅遍森林，想觅得哪棵树是父亲歇荫时倚靠过的。用舌尖挑起那枚野果，想寻回父亲饥饿时那种难言的感受。

每每惊回首的公路上，汽车温顺得如一只小羊缓缓地行着；脉脉的细水仰仗着山崖成挂地把自身摆动成飘柔的秀发；风瘦瘦的不紧不慢不轻不重地散着步，沿着容不下许多人的小路，似语非语似笑非笑、分明一往情深地款款而行，偶尔打旋，驻足在山后的某个传说里，作一回回眸一回凝望；竹在摇曳着诉说他的潇洒，说它的英俊，说他的肉骨，说它的沉念，它说它不喜欢藤，不喜欢一切攀援之物，它把自己的话絮絮地细细地点滴在含蓄的叶尖上，幽幽逃避着那些守望的眼睛。而山中九月的太阳，晒不落在春天就飘上树梢的叶子，晒不蔫载不起许多晨露的弱草，轻轻地从我们的左眼里起床，悄悄地落在我们右眼里安歇，听不见它划过蓝天的桨声，却将桨叶搅起的剪剪风洒向山，洒向在九月的紫光里晒太阳的我们。

这些都不属于父亲。

裸露着青铜黑褐，斑驳遒劲的古城墙依然在山里卧成盘龙，古寨门东西南北，正是男人的五指之缝。风可以掠过，路可以穿过，竹可以拂过，太阳可以划过。古寨门的胸怀是铁石做成的。如古寨门一样都听不懂倾诉的还有一树古松。戴着苍茫的扁平树冠，如戴着陈年旧草帽，草帽的年轮已不再年轻，凸突在石缝间的老根无法掩饰岁月漫长之河，古松的脉络里却涌动着一股浓郁如烈酒的芬芳。于是，它便在自信孤傲中挺拔起一副傲慢而轻蔑的模样，不管周围的一切是怎样的嫉妒。还有坦然安卧林间的巨大孤石，无需烟火，不见蓬勃，愣愣的做成古城墙、古寨门和古松们的心脏。于是，峭立于大岭之上的夕照壁，便成了它们饱经沧桑的面颊，风雨也来，冰雪也来，日月也来，轮轮番番过后，成熟的印记也来了。

我还是找不着！

也许找着了，于心已无处存放。

昨夜的半个月亮又搁在星云的梳妆台上了。

我们从这山走向那山，这山低，那山高。这山小，那山大。

守望台墙壁上写着或刻着许多“某某到此一游”的字样。我忽然想起，父亲也许该对我说声对不起，他当初不该没有在哪个可以蛊惑人的地方留下纪念，我也不会。我不是来一游的！我是朝拜者，我眼里燃着三炷香，纵然此山不留人，也无法拒绝我永远寄托此心！月光把人的影子拉得又细又长，森林又将它肢解得零零碎碎，但不管怎样，我知道它的飘落依然全在山上。

我记得我是父亲的儿子。

我就不再寻找父亲了。

昨天的月亮是在半山腰上，今天的月亮是在山顶上。昨天的半个月亮本是比今天的半个月亮小，今天的半个月亮本该比昨天的半个月亮大。

置身山上，忽觉身边似有默默的哭声，一颗颗蕴藏天下百般波澜的泪珠，一次次地淹没了脚下的山。

我想说，是该哭！哭总比笑好一点！

面对大山，我也想哭！可是，我不能！因为我是男人！

抱着父亲回故乡

抱着父亲。

我走在回故乡的路上。

一只模模糊糊的小身影，在小路上方自由地飘荡。

田野上自由延伸的小路，左边散落着一层薄薄的稻草。相同的稻草薄薄地遮盖着道路右边，都是为了纪念刚刚过去的收获季节。茂密的芭茅草，从高及屋檐的顶端开始，枯黄了所有的叶子，只在茎干上偶尔留一点苍翠，用来记忆狭长的叶片，如何从那个位置上生长出来。就像人们时常惶惑地盯着一棵大树，猜度自己的家族，如何在树下的老旧村落里繁衍生息。

我很清楚，自己抱过父亲的次数。哪怕自己是天下最弱智的儿子，哪怕自己存心想弄错，也不会有出现差错的可能。因为，这是我平生第一次抱起父亲，也是我最后一次抱起父亲。

父亲像一朵朝云，逍遥地飘荡在我的怀里。童年时代，父亲总在外面忙忙碌碌，一年当中见不上几次，刚刚迈进家门，转过身来就会消失在租住的农舍外面的梧桐树下。长大之后，遇到人生中的某个关隘苦苦难渡时，父亲一改总是用学名叫我的习惯，忽然一声声呼唤着乳名，让我的胸膛感觉到一种从未有过的温厚。那时的父亲，则像是穿堂而过的阵阵晚风。

父亲像一只圆润的家乡鱼丸，而且是在远离江畔湖乡的大山深处，在滚滚的沸水中，既不浮起，也不沉底，在水中舒缓徘徊的那一种。父亲曾抱怨我的刀功不力，满锅小丸子，能达到如此境界的少之又少。抱着父亲，我才明白，能在沸水中保持平静是何等的性情之美。父亲像是一只丰厚的家乡包面，并且绝对是不离乌林古道两旁的敦厚人家所制。父亲用最后一个夏天，来表达对包面的怀念。那种怀念不止是如痴如醉，更近乎于偏执与狂想。好不容易弄了一碗，父亲又将所有包面拨拉到一边，对着空荡荡的筷子生气。抱着父亲，我才想到，山里手法，山里原料，如何配制大江大湖的气韵？只有聚集各类面食之所长的家乡包面，才能抚慰父亲五十年的离乡之愁。

怀抱中的父亲，更像一枚五分硬币。那是小时候我们的压岁钱。父亲亲手递上的，是坚硬，是柔软，是渴望，是满足，如此种种，百般亲情，尽在其中。

怀抱中的父亲，更像一颗砣砣糖。那是小时候我们从父亲的手提包里掏出来的，有甜蜜，有芬芳，更有过后长久留存的种种回甘。

父亲抱过我多少次？我当然不记得。

我出生时，父亲在大别山中一个叫黄栗树的地方，任帮助工作的工作队长。得到消息，他借了一辆自行车，用一天时间，骑行三百里山路赶回家，抱起我时，随口为我取了一个名字。这是唯一一次由父亲亲口证实的往日怀抱。父亲甚至说，除此以外，他再也没有抱过我。我不相信这种说法。与天下的父亲一样，男人的本性使得父亲尽一切可能，不使自己柔软的另一面，显露在儿子面前。所谓有泪不轻弹，所谓有伤不常叹，所谓膝下有黄金，所谓不受嗟来之食，说的就是父亲一类的男人。所以，父亲不记得抱过我多少次，是因为父亲不想将女孩子才会看重的情感元素太当回事。

头顶上方的小身影还在飘荡。

我很想将她当作是一颗来自自然的种子，如蒲公英和狗尾巴草，但她更像父亲在山路上骑着自行车的样子。

在父亲心里，有比怀抱更重要的东西值得记起。对于一个男人来说，一辈子都在承受父亲的责骂，能让其更有效地锤炼出一付更能够担当的肩膀。不必有太多别的想法，凭着正常的思维，就能回忆起，一名男婴，作为这个家庭的长子，谁会怀疑那些聚于一身的万千宠爱？

抱着父亲，我们一起走向回龙山下那个名叫郑仓的小地方。

抱着父亲，我还要送父亲走上那座没有名字的小山。

郑仓正南方向这座没有名字的小山，向来没有名字。

乡亲们说起来，对我是用“你爷爷睡的那山上”一语作为所指，意思是爷爷的归宿之所。对我堂弟，则是用“你父亲小时候睡通宵的那山上”，意思是说我那叔父尚小时夜里乘凉的地方。家乡之风情，无论是历史还是现世，无论是家事还是国事，无论是山水还是草木，无论是男女还是老幼，常常用一种固定的默契，取代那些似无必要的烦琐。譬如，父亲会问，你去那山上看过没有？莽莽山岳，叠叠峰峦，大大小小数不胜数，我们绝对不会弄错，父亲所说的山是哪一座！譬如父亲会问，你最近回去过没有？人生繁复，去来曲折，有情怀而日夜思念的小住之所，有愁绪而挥之不去的长留之地，只比牛毛略少一二，我们也断断不会让情感流落到别处。

小山太小，不仅不能称为峰，甚至连称其为山也觉得太过分。那山之微不足道，甚至只能叫做小小山。因为要带父亲去那里，因为离开太久而缺少对家乡的默契，那地方就不能没有名字。像父亲给我取名那样，我在心里给这座小山取名为小秦岭。我将这山想象成季节中的春与秋。父亲的人生将在这座山上分成两个部分，一部称为春，一部分叫秋。称为春的这一部分有八十八年之久，叫做秋的这一部分，则是无边无际。就像故乡小路前头的田野，近处新苗茁壮，早前称作谷雨，稍后又有芒种，实实在在有利于打理田间。又如，数日之前的立冬，还有几天之后的小雪，明明白白提醒要注意正在到来的隆冬。相较远方天地苍茫，再用纪年表述，已经毫无意义！

我不敢直接用春秋称呼这小山。

春秋意义太深远！

春秋场面太宏阔！

春秋用心太伟大！

春秋用于父亲，是一种奢华，是一种冒犯。

父亲太普通，也太平凡，在我抱起父亲前几天，父亲还在挂惦一件衣服；还在操心一点养老金；还在渴望新婚的孙媳何时为这个家族添上男性血脉；甚至还在埋怨那根离手边超过半尺的拐杖！父亲也不是没有丁点志向，在我抱起父亲的前几天，父亲还要一位老友过几天再来，一起聊一聊“十八大”；还要关心偶尔也会被某些人称为老人的长子，下一步还有什么目标。

于是我想，这小山，这小小山，一半是春，一半是秋，正好合为一个秦字，为什么不可以叫做小秦岭呢？父亲和先于父亲回到这山上的亲友与乡亲，人人都是半部春秋！

那小小身影还在盘旋，不离不弃地跟随着风，或者是我们。

小路弯弯，穿过芭茅草，又是芭茅草。

小路长长，这头是芭茅草，另一头还是芭茅草。

轻轻地走在芭茅草丛中，身边如同弥漫着父亲童年的炊烟，清清淡淡，芬芬芳芳。炊烟是饥饿的天敌，炊烟是温情的伙伴。而这些只会成为炊烟的芭茅草，同样既是父亲的天敌，又是父亲的伙伴。在父亲童年的一百种害怕中，毒蛇与马蜂排在很后的位置，传说中最令人毛骨悚然的鬼魂，亲身遇见过的荧荧鬼火都不是榜上所列的头名。被父亲视为恐怖之最的正是郑仓垸前垸后，山上山下疯长着的芭茅草。这家乡田野上最常见的植物，超越乔木，超越灌木，成为人们在倾心种植的庄稼之外，最大宗物产。八十年前的这个季节，八岁的父亲正拿着镰刀，光手光脚地在小秦岭下工夫收割芭茅草。这些植物曾经割破少年鲁班的手。父亲的手与脚也被割破了无数次。少年鲁班因此发明了锯子。父亲没机会发明锯子了。父亲唯一的疑惑是，这些作为家中柴火的植物，为什么非要生长着锯齿一样的叶片？

芭茅草很长很逶迤，叶片上的锯齿锋利依然。怀抱中的父亲很安静，亦步亦趋地由着我，没有丁点犹豫和畏葸。暖风中的芭茅草，见到久违的故人，免不了也来几样曼妙身姿，瑟瑟如塞上秋词。此时此刻，我不晓得芭茅草与父亲再次相逢的感觉。我只清楚，芭茅草用罕有的温顺，轻轻地抚过我的头发，我的脸颊，我的手臂、胸脯、腰肢和双腿，还有正在让我行走的小路。分明是母亲八十大寿那天，父亲拉着我的手，感觉上有些苍茫，有些温厚，更多的是不舍与留恋。

冬日初临，太阳正暖。

这时候，父亲本该在远离家乡的那颗太阳下面，眯着双眼小声地响着呼噜，晒晒自己。身边任何事情看上去与之毫无关系，然而，只要有熟悉的声音出现，父亲就会清醒过来，用第一反应拉着家人，毫无障碍地聊起台湾、钓鱼岛和航空母舰。是我双膝跪拜，双手高举，从铺天盖地的阳光里抱起父亲，让父亲回到更加熟悉的太阳之下。我能感觉到家乡太阳对父亲格外温馨，已经苍凉的父亲，在我的怀抱里慢慢地温暖起来。

小路还在我和父亲的脚下。

小路正在穿过父亲一直在念叨的郑仓。

有与父亲一道割过芭茅草的人，在垸边叫着父亲的乳名。鞭炮声声中，我感到父亲在怀里轻轻颤动了一下。父亲一定是回答了。像那呼唤者一样，也在说，回来好，回到郑仓一切就好了！像小路旁的芭茅草记得故人，二十二户人家的郑仓，只认亲人，而不认其他。恰逢家国浩劫，时值中年的父亲逃回家乡，芭茅草掩蔽下的郑仓，像芭茅草一样掩蔽起父亲。没有人为难父亲，也没有人敢来为难父亲。那时的父亲，一定也听别人说，同时自己也说，回到郑仓，一切就好了。

随心所欲的小路，随心所欲地穿过那些新居与旧宅。

我还在抱着父亲。正如那小小身影，还在空中飞扬。

不用抬头，我也记得，前面是一片竹林。无论是多年之前，还是多年之后，这竹林总是同一副模样。竹子不多也不少，不大也不小，不茂密也不稀疏。竹林是郑仓一带少有的没有生长芭茅草的地方，然而那些竹子却长得像芭茅草一样。

没有芭茅草的小路，再次落满因为收获而遗下的稻草。

父亲喜欢这样的小路。父亲还是一年四季都是赤脚的少年时，则更加喜欢，不是因为宛如铺上柔软的地毯，是因为这稻草的温软，或多或少地阻隔了地面上的冰雪寒霜。那时候的父亲，深得姑妈体恤，不管婆家有没有不满，年年冬季，都要给侄儿侄女各做一双布鞋。除此之外，父亲他们再无穿鞋的可能。一九九一年中秋节次日，父亲让我陪着走遍黄州城内的主要商店，寻找价格最贵的皮鞋。父亲亲手拎着因为价格最贵而被认作是最好的皮鞋，去了父亲的表兄家，亲手将皮鞋敬上，以感谢父亲姑妈，我的姑奶奶，当年之恩情。

接连几场秋雨，将小路洗出冬季风骨。太阳晒一晒，小路上又有了些许别的季节风情。如果是当年，这样的季节，这样的天气，再有这样的稻草铺着，赤脚的父亲一定会冲着这小路欢天喜地。这样的时候，我一定要走得轻一些，走得慢一些。这样的时候，我一定要走得更轻一些，更慢一些。然而，竹林是天下最普通的竹林，也是天下最漫不经心的竹林，生得随便，长得随便，小路穿过竹林也没法不随便。

北风微微一吹，竹林就散去，将一座小山散淡地放在小路前面。

用不着问小路，也用不着问父亲，这便是那小秦岭了。

有一阵，我看不见那小小身影了，还以为她不认识小秦岭，或者不肯去往小秦岭。不待我再多想些什么，那小小身影又出现了，那样子只可能是落在后面，与那些熟悉的竹梢小有缠绵。

父亲的小秦岭，乘过父亲童年的凉，晒过父亲童年的太阳，饿过父亲童年的饥饿，冷过父亲童年的寒冷，更盼过父亲童年对外出做工的爷爷的渴盼。小秦岭是父亲的小小高地。童年之男踮

母亲的手是那乡村沃土，只要一场雪，就会变得风姿绰约光洁照人，然而沃土之意义不是妩媚其表，而在于内里中长久的奉献。

看看这山，不能不再次想起父亲。用松枝撩开雾带，想找见哪条路是父亲曾赤脚丈量过的。用亲情嗅遍森林，想觅得哪棵树是父亲歇荫时倚靠过的。用舌尖挑起那枚野果，想寻回父亲饥饿时那种难言的感受。

家乡之风情，无论是历史还是现世，无论是家事还是国事，无论是山水还是草木，无论是男女还是老幼，常常用一种固定的默契，取代那些似无必要的烦琐。

如果是当年，这样的季节，这样的天气，再有这样的稻草铺着，赤脚的父亲一定会冲着这小路欢天喜地。这样的时候，我一定要走得轻一些，走得慢一些。这样的时候，我一定要走得更轻一些，更慢一些。

我越来越相信，那是一种青春的滋味，虽然那不是青春的唯一滋味。但是我既往生活中最值得热爱的。我热爱工厂生活中的诸如此类的不快。正是这种没有什么了不起的不快，和绝对了不起的青春锻造了我的近乎不锈钢一样坚韧的神经。

不管是在奔向三峡的长途汽车上，还是在往来川江的游轮上，老爸头总是用笑来回答，对人是这样，对那倾心太久的鬼斧神工的自然风光也是这样。说不上是淡泊，也说不上是大度，其中确有一种对万物万事皆如常态的意境。

生死之隔，远没有一只飞机翅膀那么宽大，末日与未来的距离也不会有飞机起落架飞出的那么远。

人类的高贵，在过去时期需要借助诸多奢侈品以及奢华的生活方式来展现；在物质生活差异正在变小的当下，精神气节的关键性就显得更加突出；在生存质量将会变得越来越小的未来，这一点就难免会成为至关重要的了。

着脚或者拼命蹦跳，即便是爬上那棵少有人愿意爬着玩的松树，除了父亲的父亲，我的爷爷，父亲还能盼望什么呢？远处的回龙山，更远处的大崎山，这些都不在父亲期盼范围。

父亲更没有望见，在比大崎山更远的大别山深处那个名叫老鹳冲的村落。蜿蜒在老鹳冲村的小路我走过不多的几次。那时候的父亲身强体壮，父亲立下军令状，不让老鹳冲因全村人年年外出讨米要饭而继续著名。那里小路更坚硬，也更复杂。父亲在远离郑仓，却与郑仓有几分相似的地方，同样留下一次著名的伫立。那是山洪暴发的时节，村边沙河再次溃口。就在所有人只顾慌张逃命时，有人发现父亲没有逃走。父亲不是英雄，没有跳入洪水中，用身体堵塞溃口。父亲不是榜样，没有振臂高呼，让谁谁谁跟着自己冲上去。父亲打着伞，纹丝不动地站在沙堤溃口，任凭沙堤在脚下一块地崩塌。逃走人纷纷返回时，父亲还是那样站着，什么话也没说，直到溃口被堵住，父亲才说，今年不用讨米要饭了。果然，这一年，丰收的水稻，将习惯外出讨米要饭的人，尽数留了下来。

我的站在沙河边的父亲！

我的站在小秦岭上的父亲！

一个在怀抱细微的梦想！

一个在怀抱质朴的理想！

春与秋累积的小秦岭！短暂与永恒相加的小秦岭！离我们只剩下几步之遥了，怀抱中的父亲似乎贴紧了些。我不得将步履迈得比慢还要慢。我很清楚，只要走完剩下几步，父亲就会离开我的怀抱。成为一种梦幻，重新独自伫立在小秦岭上。

小路尽头的稻草很香，是那种浓得令人内心颤抖的酽香。如果它们堆在一起燃烧成一股青烟，就不仅仅为父亲所喜欢，同样会被我所喜欢。那样的青烟绕绕，野火燎燎，正是头一次与父亲一同行走在这条小路上的情景。

同样的父亲，同样的我，那一次，父亲在这小路上，用那双大脚流星追月一样畅快地行走，快乐得可以与任何一棵小树握握手，可以与任何一只小兽打招呼，更别说突然出现在小路拐弯处的久违发小。那一次，我完完全全是个多余的人。家乡对我的反应，几乎全是一个啊字。还分不清在这唯一的啊字后面，是画上句号？还是惊叹号？或许是省略号？那一次，是我唯一见过极具少年风采的父亲。

小秦岭！郑仓！张家寨！标云岗！上巴河！

在那稍纵即逝的少年回眸里，凡目光触及所在，全属于父亲！父亲是那样贪婪！父亲是那样霸道！即使是整座田野上最难容下行人脚步的田埂，也要试着走上一走，并且总有父亲渴望发现的发现，渴望获得的获得。

如果家乡是慈母，我当然相信，那一次的父亲，正是一个成年男子为内心柔软所在寻找寄托。如果大地有怀抱，我更愿相信，那一次的父亲，正是对能使自身投入的怀抱的寻找。

小路，只有小路，才是用来寻找的。

小路，只有小路，才是用来深爱的。

小路，只有小路，才是用来回家的。

八十八年的行走，再坚硬的山坡也被踩成一条与后代同享的坦途。

一个坚强的男人，何时才会接受另一个坚强男人的拥抱？

一个父亲，何时才会没有任何主观意识地任凭另一个父亲将其抱在怀里？

无论如何，那一次，我都不可能有抱起父亲的念头。无论父亲做什么和不做什么，也无论父亲说什么和不说什么，更遑论父亲想什么和不想什么。现在，无论如何，我也同样不可能有放弃父亲的念头。无论父亲有多重和有多轻，也无论父亲有多冷和有多热，更别说父亲有多少恩和多少情。

在我的词汇里，曾经多么喜欢大路朝天这个词。

在我的话语中，也曾如此欣赏小路总有尽头的说法。

此时此刻，我才发现大路朝天也好，小路总有尽头也罢，都在自己的真情实感范围之外。

一条青蛇钻进夏天的草丛，一只狐狸藏身秋天的谷堆，一只枯叶卷进冬天的寒风，一片冰雪化入春天的泥土。无需提醒，父亲肯定明白，小路像青蛇、狐狸、枯叶和冰雪那样，在我的脚下消失了。父亲对小秦岭太熟悉，即便是在千山万壑之外做噩梦时，也不会混淆，金银花在两地芳菲的差异；也不会分不出，此处花喜鹊与彼处花喜鹊鸣叫的不同。

小路起于平淡无奇，又终于平淡无奇。

没有路的小秦岭，本来就不需要路。父亲一定是这样想的，春天里采过鲜花，夏天里数过星星，秋天里摘过野果，冬天里烧过野火，这样的去处，无论什么路，都是画蛇添足的多余败笔。

山坡上，一堆新土正散发着千万年深蕴而生发的大地芬芳。父亲没有挣扎，也没有不挣扎。不知何处迸发出来的力量，将父亲从我的怀抱里带走。或许根本与力学无关。无人推波助澜的水，也会在小溪中流淌；无人呼风唤雨的云，也会在天边散漫。父亲的离散是逻辑中的逻辑，也是自然中的自然。说道理没有用，不说道理也没有用。

龙回大海，凤凰还巢，叶落归根，宝剑入鞘。

父亲不是云，却像流云一样飘然而去。

父亲不是风，却像东风一样独赴天涯。

我的怀抱里空了，却很宽阔。因为这是父亲第一次躺过的怀抱。

我的怀抱里轻了，却很沉重。因为这是父亲最后一次躺过的怀抱。

趁着尚且能够寻觅的痕迹，我匍匐在那堆新土之上，一膝一膝，一肘一肘，从黄坵一端跪行到另一端。一只倒插的镐把从地下慢慢地拔起来，三尺长的镐把下面，留着一道通达蓝天大地的洞径，有小股青烟缓缓升起。我拿一些吃食，轻轻地放入其中。我终于有机会亲手给父亲喂食了。我也终于有机会最后一次亲手给父亲喂食。是父亲最想念的包面？还是父亲最不肯马虎的鱼丸？我不想记住，也不愿记住。有黄土涌过来，将那嘴巴一样，眼睛一样，鼻孔一样，耳廓一样，肚脐一样，心窝一样的洞径填满了。填得与漫不经心地铺陈在周边的黄土们一模一样。如果这也是路，那她就是联系父亲与他的子孙们最后的一程。

这路程一断，父亲再也回不到我们身边。

这路程一断，小秦岭就化成了我们的父亲。

天地有无声响，我不在乎，因为父亲已不在乎。

人间有无伤悲，我不在乎，因为父亲已不在乎。

我只在乎，父亲轻轻离去的那一刻，自己有没有放肆，有没有轻浮，有没有无情，有没有乱了方寸。

这是我第一次描写父亲。

请多包涵。就像小时候，
我总是原谅小路中间的那堆牛粪。
这是我第一次描写家乡。

请多包涵。就像小时候，

我总是原谅小路中间的那堆牛粪。

此时此刻，我再次看见那小小身影。她离我那么近，用眼角都能看得清清楚楚。她是从眼前那棵大松树上飘下来的，在与松果分离的那一瞬间里，她变成一粒小小的种子，凭着风飘洒而下，像我的情思那样，轻轻化入黄土之中。她要去寻找什么只有她自己清楚。我只晓得，当她再次出现，一定是苍苍翠翠的茂盛新生！

与欲望无关

我在电脑前天花乱坠地敲着键盘，朋友金先生忽然打来电话，让我上他那儿去喝酒。被他叫去的还有也是在老家时就是朋友的黄先生。电话里金先生就说明了，要弄几个家乡菜。金先生操持着设在省公安厅旁边的一家政府办事处，虽然有职有衔，每一厘花销却都是从市场上赚回来的。我在答应时，早早地告诉他，别的菜有没有无所谓，只要有豆渣，就是买张飞机票上他那里去吃一顿，也是可以的。金先生爽快地答应下来。等去了，入席之后，他才说，厨房里张罗迟了，没有弄到豆渣。说着还要将有关人员叫来，证实此话的不谬。

这两年，一些来自乡土的陈年吃食越来越在城市里流行，一切名声响亮的酒店，都以那观其名就能闻见原野芬芳的乡土菜作为自己的特色。像湖北饭店这样有着政府背景的去处，自然不会在这些招数上输给他人。去年年底，因为拖了十余年的省作家协会会员代表大会的召开，几百号人在这家饭店小住了几天。按照既定说法，经过漫长等待之后，欣逢如此盛会，总会有各种各样的兴奋。那天晚上，新当选的主席团成员围在一桌子上吃饭，一样样的菜，一道道地上，大家难得斯文相对时，突然有女声冲着那只刚上来的炒锅叫起来："哟，豆渣！"温文尔雅的一圈人，纷纷站起来。以我一贯的反应，本是不会慢的。那一刻我却迟钝了。这道菜没有中国菜一向让人不着边际的名字，服务员就像西餐里的小牛排、水果沙拉那样叫着它：鸡肉豆渣。在我开始想起，豆渣是记忆中的一种美食时，炒锅只剩下那些油光铮亮的鸡肉。

金先生的约请就发生在这之后的第二天上午。

在这样的背景下，我在情不自禁中点到豆渣，以及金先生不无遗憾地告诉我没有豆渣都是很正常的事。像豆渣这类菜能在城市里走俏，多少会给乡土中人带来几许活路。

虽然没有豆渣，金先生的酒桌上另有一道让我多喝了几两五粮液的菜：豆腐煮小鱼儿。豆腐是平常的豆腐，小鱼儿也是平常的小鱼儿。惯有的吃法是将它分开来，作为两种口味。在金先生那里，两样东西不仅合在一起，重要的是豆腐切成片后，先在锅里煎过。小鱼儿也不是新鲜出水，而是先用微火烤过，已经有了七成熟的那种。三个同乡男人身上的兴奋在外人看来仿佛是小题大做，可我们照旧吃得无比痛快，临到微醺，黄先生竟然拿出手机，就在席上给老家的某人打电话，要对方赶紧弄上十斤小鱼儿送来。我插嘴说还有豆腐。黄先生说豆腐哪儿都有。我仍旧固执己见地说，老家豆腐是用井水做的，没有漂白粉，也没有氯。

乡土的老家，从母亲那里开始，偶尔也会做那不先过火直接下锅的白豆腐。这样的情形通常是有客人来，酒至半酣，菜又不足了，才会发生。匆匆地切几块豆腐，与时令蔬菜一同下锅烩一烩，赶紧端上桌子，或者一手托着大块豆腐，一手拿着菜刀，当着客人的面，一片一片地切进只剩半锅汤水的吊锅里。主妇们带着歉意的笑脸，给那清汤寡水的白豆腐添上不少美味。在乡土老家，若非赶急，再要做这白豆腐，一定会被别人笑话为好吃懒做。乡土老家如今也像城市一样用起了煤气，但那烧柴的灶还保留着。有许多的菜，一定还要一把火、一把火地细细做来。就连每天都不能少的米饭，用柴烧熟的也要香美许多。比起白豆腐，煎过的豆腐有一种油菜开花般的感觉。因为这种感觉，只要回到老家，我都会站在灶台边，等着两面金黄的豆腐起锅，便伸手抓上一块，就着腾腾热气美美地吃起来。母亲当然不会拦我，每一次都会说着相同的话：还没放盐哩。而我也只需说着相同的话：我就喜欢这样吃。母亲在那一刻间用满脸皱纹化出来的笑意，胜过在我生活中遇到的所有温暖与温馨。前年春天，上医院作例行体检，尿酸指标离临界只差了一点点。大夫毫不犹豫地问我是不是爱吃豆腐。得到答复后，大夫肯定地告诉我，今后要少吃，不然会得痛风症。我刚说那怎么行，大夫就会意了，并说他也爱吃豆腐。大夫爱吃的豆腐不是乡土中的那种，让他割舍不下的是隔海漂泊而来的日本豆腐。我差一点要对大夫说，那是世界上最没味道的一种豆制品，就像他们的歌舞伎。最终我只对他说，自己是吃母亲煎的豆腐长大的，要是不吃豆腐，我就成了忘本之徒。

来自乡土的豆腐就得用油煎，就得用吊锅煮。用小鱼儿来煮，我却是头一回见到。在老家，从大河小溪里捉来的小鱼儿，通常在烤过之后，放进辣椒一起炒。那是酷热难熬的夏季里最能下饭的好菜。乡土老家新近流行的豆腐煮小鱼儿，让我更加怀念那曾经有过的豆渣。自从在金先生那里听说菜场里有豆渣卖后，有一阵我老往菜场里跑，直到终于如愿地花上两元钱，买回四块长满白毛，像宠物一样可爱的豆渣。上灶之前，我怕太太反感，有意先入为主地向她介绍，豆渣的样式虽然没有豆腐好看，同样是绿色食品。我将爷爷当年如何趁着临近过年的天气，将新鲜豆渣晾成半干，然后捏成粑，一只只地放进铺着干净稻草的箩筐里。一层放好后，再在上面铺一层稻草，然后再放一层豆渣。如此直到将箩筐装满，或是将豆渣摆放完。短则三五天，长则六七天，豆渣上就会长出杨花般的绒毛，那样就可以吃了的经过，从头到尾说了一遍。我一再强调，豆渣上长出的菌丝是白色的，绝对不会产生让人闻之色变的黄曲霉素。一锅豆渣做成菜，刚端上桌子，太太就变了脸。她既容不下豆渣独一无二的样子，也受不了那与众不同的味道，不由我分说，毫不留情地将其倒进垃圾桶。气得我大声冲着她嚷了一句：垃圾食品又怎么样，我是吃它长大的！

后来，我家冰箱里多了一袋冻成冰块的豆渣。那是用豆浆机打豆浆后留下来的。我不知道它是否与做豆腐剩下来的豆渣有着相同的滋味。按道理，不管是磨还是榨，都是为了将黄豆的精华与糟粕分离开来。之所以让梦一般的美食冰封起来，是因为刚刚受过打击的心里已经没有那份对这类美味的把握。

记忆中，豆渣除了霉了再吃之外，还有一种新鲜的吃法。

在家里，有时候是有意的，有时候则是无意的，我不断地提起十七岁那年冬天。只有这个冬天才能安抚胸怀里那颗被现实刺痛的乡土之心。那是我离开学校后的第一个冬天。我刚刚将这个冬天的经历，写成充满灵魂之痛的长篇小说《弥天》。十七岁的我，在乡土老家的一处水库工地指挥部担当着看上去最为要紧的工作。一日三餐，饭桌上都会摆上一只烧着松枝的小炉子，搁在炉子上面的吊锅里永远都在煮着满满一锅豆渣。最初的日子里，我非常难以忍受那股刺鼻的黄豆腥气。慢慢地，就习惯了。山上老爱下雪，一到这类不出工的日子，指挥部的男女老少就会围在桌子旁，耐心地看那冒着青烟的松枝，将吊锅里的豆渣煮沸。事实上，只有这种时候煮出来的豆渣才是让我怀念的。只要煮豆渣，吊锅里肯定会放进一些腌辣椒。煮沸的豆渣最初冒起来的是水花，慢慢地就成了气泡。气泡也会变化，开始时会大一些，也少一些。到后来，气泡变小了，个数也多起来。又细又密的气泡，冒起来后，过一阵才会消失。圆圆的气泡炸开了，就像县剧团那个让所有人都记住了的女演员脸上的酒窝，又像山路上那些沙牛儿为昆虫们布下的小小陷阱。年纪大的那些人看着气泡说，豆渣就是要多煮，多用松枝煮，多煮多有味。煮得最好的豆渣，还会往起溅。只要豆渣开始往起溅，就没人再等了。大家拿起汤勺，纷纷往自己嘴里舀。滚烫的豆渣引出一片嗞嗞声。不烫的豆渣不好吃，这是一个窍门。还有一个窍门：等到吊锅里的豆渣都吃完了，贴在锅底那层锅巴一样的东西才是最好吃的。从滴水不剩的吊锅里刮出来的最后的豆渣，弥漫着淡淡的松脂香。放下筷子，站到门口，趁着身上还是暖烘烘的，迎对顺坡而来的北风，于那伫望之际打一个带着奇异之香的饱嗝，将自己当作世上最幸福的人。那时，我还会去想，为什么只有豆渣，豆腐去哪儿了呢？

那时候的豆渣让那时候的我生活得十分充足，现在豆渣在我的冰箱里结晶成一团发硬的水泥。我们生活是否也因为对食物的过分要求而僵化起来哩？那袋豆渣也许会在冰箱里冻上很长一段日子。但它不会尘封起来。尽管心之家还在乡土，城市生活却已湮灭了清香的松枝和那烧松枝的小炉子。失去了这些，豆渣还能给我曾经的清纯吗？

记忆通过现在突然升华，现实加入梦想无限张扬，这是事物变为美好的必然途径。

我给还在城市里奔波的金先生和黄先生打电话，请他们来家里吃连我自己都没想好是做还是不做的豆渣。朋友们都说好，随后又说，不是石磨磨出来的豆渣好吃吗？我迟疑着，因为这是一个没有答案的设问。金先生后来劝我还是等着回老家去吃这些东西，他在西河上游的一座水库旁盖了一处房子，但凡我所需要的一切都是家常的。我心存感动的回问，我们的心是不是也如家常！

伍·旧事

我的工厂，我的青春

几年前，太太在另一个单位上班，某天下班回家她很伤心，问过了才知不是她的事，是一个同事要调到别的单位，与头头话别时，伤感地说起自己从大学毕业起到现在，将自己最好的青春年华全给了这个单位。不料，那个老男人竟粗暴地回答：谁要你的青春？太太的同事大恸而去。听毕，我忍不住在心里说了一句粗话。

不一定人人都会老去，但人人都会有自己的青春。我也有过青春，我不敢说自己将青春献给了那座小小的工厂，但从十八岁到二十八岁，如此十年全在这家县办工厂度过。想起来当年之事历历在目，包括进厂之前，即将上岗的青工们在一起培训，因为有三家工厂可以选择，大部分都认为其中的电机厂最为理想，工具厂则次之。当相关人员问起我的意愿时，我却毫不犹豫选了阀门厂，原因是阀门厂厂房外面有半个篮球场，别的工厂却没有。

多少年后的今天，我仍对飞速旋转的砂轮心有余悸。那是我进厂的第一天，师傅给了一个毛坯件，要我去砂轮上将毛刺等打磨掉。师傅教给我打开砂轮的方法后就回车床上忙去了，却没说如何让砂轮停下来。这让我在打磨完毛坯件后很是束手无策。虽然关掉电源半天，砂轮还在高速旋转。我几乎要伸手捉住砂轮！那一瞬间里，冥冥中有某种声音提醒，让我在最后时刻中断了那个伸手动作。时间长了我才晓得砂轮的厉害，人的肌体只要微微碰上去，就会磨去一大块。而当车工的因为天天都在磨车刀，稍不注意就会出现险情。好在磨车刀是细活，碰上了也只是磨去一些皮肉。如果我那用力捉住砂轮的动作完成了，一只手掌肯定就没有了。在我独立操作车床后的某个夜班，因为加工庞大的阀体，必须用专用小吊车帮助装卸，而这些小吊车都是厂里的钳工自己制造的，并无任何安全认证。那天晚上，用380伏电压运行的小吊车漏电了。当我伸手抓住行程开关，按下运行红键时，一股强大的电流击倒了我。也正是身体横着倒下的惯性力救了我，如果不是这样，也许我就要变成一堆焦炭了。因为220伏电压通常能将触电者弹开，而380伏电压只会将敢于触碰者牢牢吸附住。那一次，同车间的工友被我的惨叫吓坏了。我却浑然不知。事后在床上躺了三天才恢复过来。在阀门厂，最苦最累的不是通常所认为的翻砂工，而是车工。一两百斤重的大铸件从机床上搬上搬下，加工铸铁扬起的尘矽更是塞满了全身上下的每一个毛孔。最让车工头疼的却是对付不锈钢T形螺杆。当车工的第一年，一位姓刘的师姐，就是在加工不锈钢螺杆时，不慎被缠绕的铁屑缠住，生生将右臂拧断。离开工厂十几年后，在一次采访中，有记者对我脖子上十几个疤痕很好奇。那些有着优美弧线的伤痕，正是我当车工强力切削不锈钢时铁屑飞溅的烙印。被车刀挤压下来的铁屑带着几百度的高温，偶尔会准确地钻入我的领口，因为强力切削时不能中断操作，必须等这一刀走完，停下车床后才能处理。这当中，滚烫的铁屑会将接触到的肌肤烤出一股烤肉香。

这个世界有机会闻到自己肌体发出的烤肉香的人应该不会很多，或许这是我一直怀念那座曾经以半座篮球场而成为自己青春梦想的小厂的理由之一。我还怀念那位以爱护的名义阻止我参加高考的党支部书记，不管当时或后来发生了什么，这一点也从未有过改变。我的那座小工厂条件很差，屋顶上盖着石棉瓦，窗玻璃十块有九块是破的，一年当中三分之一是冰窖，三分之一是火炉。还有一年四季都得加工的不锈钢T型螺杆，别的工厂的车工们一班能加工一件就不错了，在我们厂里，每个车工每班必须完成的定额是十八件。所有这些都没有让我觉得有什么不对。最终让我心存惶惑的是一位初中的同学。在学校里他总是抄我的作业，毕业后他却在不到三年的时间里当了区委副书记，有一次在县城的小街上遇见，他竟然装作不认识我。当天晚上，我失眠了。这也是我生平第一次失眠。就在那个不眠之夜，我为自己绘制了一个普通青年的人生梦想。同时也是那个时代的青年学子最喜欢的梦想：将自己的一生交给文学。无论成功与否，决不半途而废。只要真正努力过，决不对自己的选择后悔。相信生命在于奋斗；相信自己所设定的那个目标，是青春与灵魂的一场约会。

十年工厂生活，让我获得了二十张先进生产者奖状。很多年后，因为写作我获得过武汉市劳动模范称号。这小小的荣誉却是我最为在乎的，也是我最愿意引以为骄傲的。正因为如此，当我的笔与文字与工厂相遇时，最由衷的总是对工厂的一切的不舍与敬重，而不敢用那些不敬之语来描写，更不敢有半分亵渎之心。即便是后来，接连获得茅盾文学奖、鲁迅文学奖、中国出版政府奖、五个一工程奖、中国小说学会长篇小说大奖和中国当代文学学院奖等，一旦回到写作中，此心依然没有改变。

大约在离开工厂后的二十几年，不锈钢铁屑留给我的伤痕才完全抚平。在我心里却永远记得当年那些从领口里冒出来的烤肉香。我越来越相信，那是一种青春的滋味，虽然那不是青春的唯一滋味。却是我既往生活中最值得热爱的。我热爱工厂生活中的诸如此类的不快。正是这种没有什么了不起的不快，和绝对了不起的青春锻造了我的近乎不锈钢一样坚韧的神经。

果园里的老爸头

太太的父亲从高级畜牧师位上退休有两年了。

在他尚可称为年轻时，就被膝下的儿女叫做老爸头。

大年初一，我们打电话拜年，得知老爸头骑着摩托车，又去了他的果园。

有果园之前老爸头的模样我见得很少。我那聪明美丽能歌善舞的岳母，更是因为早逝，而只存在家人年复年，日复日的追忆里。按照太太的理解，大别前的最后一刻，岳母挂在眼角上的那颗迟迟不肯落下的泪珠，是对老爸头的放心不下。岳母在世时，时常会逼着老爸头做些她认为的事业。就是这样，老爸头还是在知识分子难得受到重用的那几年里，坚决地回避了种种当领导的可能。老爸头的确不会管理人。自从丧母之后，太太兄妹几个，几乎全都早早离开老爸头，过上各自的日子。想起这些，太太就会说，如果妈妈在，家里肯定不会是这种离散的样子。

第一次随太太回娘家时，一家人冒着密密麻麻的小雨，出了安远城，爬上风景果然不同凡响的三百山，去看那滋润香港一带生灵的东江源。一路上说起老爸头的称谓，大家异口同声地指认太太，都说是她叫响的。即使没有这样的指认，就凭这样的称呼，也能让我轻而易举地断定，除了太太，世代居住在那闻名遐迩的赣南土围子里的谢家，没有第二个人能有这样的才华。就像现在整天缠着不肯放太太离开的女儿的爱称，已被太太随心所欲地叫出差不多十种花样。这样的统计只包括经常叫的。因为全家人少有的齐聚，老爸头难得时髦一回，带着全家近二十口人上酒店去吃团圆饭。趁着人多，我试着像大家那样叫了一声。看着四周的反应，我一点感觉也没有。隔一会儿，我又叫了一声。这一次感觉是有了，却不怎么好。作为这个家庭的一员，我的加入有些晚。其他儿女媳婿，习以为常的东西，在我看来竟像对长者的不恭。

实际上，老爸头是一个极随和的人。

在数千里之外的武汉，太太每每提起老爸头的随和，深爱之下还含着一种深刻的不满。在太太眼里，“文革”之前的大学生父亲，对自己的日常起居太随意了。几乎到了有什么穿什么，有什么用什么，有什么吃什么，只要手边没有的，他就不去想，更不会去找去寻，更别说开口要了。我曾经对太太说，如果老爸头不随和，我们能叫他老爸头吗！太太没有放弃她的心情，反而连我一起数落，说我和老爸头一样，喜欢将吃得精光的菜碗用开水淘一淘，掺成一大碗汤，津津有味地喝下去。老爸头的这种习惯，太太提过好几次，最动情的那次，声音没出来，泪花先出来了。刚开始我还安慰说，特别是青菜，哪怕只剩下几滴菜汁，用开水掺一掺，好喝极了。真的如老爸头所说，是神仙汤。后来不再这样说，是因为我也知道这样的菜汤，都是苦日子逼的。太太有兄妹四人，她没喝菜汤是因为比我家少一人。我家过去的日子更艰难些，所以在父母之下，我得挺身出来喝那菜汤。前年过年，太太正怀着身孕，我们一起去商场，买了一件挺不错的大衣寄回去。去年过年，我们带着十个月大的女儿回安远时，那件大衣还在老爸头的箱子里原封未动地放着。要不是赶上与广东接壤的这座小城难得下了一场雪，要不是太太记着这事盯着追问，老爸头仍旧不会拿出来穿。一群都不算小了的儿女，七手八脚地将老爸头打扮一番，穿上新大衣的老爸头露出一脸的不好意思。男人中喜欢穿新衣服的少。一件衣服只要没有不能再穿的理由，男人总是觉得越久穿着越舒服。不过，让老爸头舍不得脱的那身旧衣服，明显存在着太多不可再穿下去的问题。老爸头差一点就将新大衣脱下来。那天是大年初一，老爸头还想去果园看看。虽有儿女们的一致反对，中午过后，老爸头还是悄悄地去了一趟果园。不过他没有将身上的新大衣脱下来。

有时候，我会想，如果老爸不随和，他那爱女与我的爱情，会不会顺利地发展成婚姻？由于一些不与通常相同的现实，在没有得到老爸头的首肯之前，开在我们心头的那朵玫瑰，总也摆不脱不时就会袭来的风雨飘摇。第一次见到老爸头是在开往三峡的长途汽车站门外。那是太太的主意，她想趁着这趟旅游，让我和老爸头认识一下，顺便看看我们有没有翁婿缘分。太太向老爸头介绍我时，紧张得连我的姓名都忘了说，只说我是一个朋友。老爸头没有握我的手，也没有追问我的姓名，就像见到自己的孩子一样，慈善地笑一笑。直到现在我还在同太太开玩笑，如果那时老爸头要握我的手，或者客客气气地将对平常人的称呼给了我，太太的老爸头就不是我的老爸头了。老爸头有一副人们常说的慈眉善眼，又与日常的慈眉善眼不大相同。老爸头的眉心上有一颗黑里透红的痣，平时不太明显，每逢老爸头的眉眼被笑容淹没时，那痣就会变得异常醒目。当老爸头以他一贯的行事方式默许我们婚事之时，那颗痣在额头上所有皱纹的簇拥之中，平静如常地微笑着，看不出与头一回见面时有何变化。在别人那里，无疑是将眼睛当作心灵的窗口。对于老爸头，那颗痣更像他的为人。

除了笑，老爸头的脸上很难出现别的表情。那也是老爸头对人最多的话言。不管是在奔向三峡的长途汽车上，还是在往来川江的游轮上，老爸头总是用笑来回答，对人是这样，对那倾心太久的鬼斧神工的自然风光也是这样。说不上是淡泊，也说不上是大度，其中确有一种对万物万事皆如常态的意境。船过新滩古镇，太太犹豫着错过了在第一时间告诉老爸头，我写过一部以此地为背景的惊世骇俗的长篇小说。站在船舷边的老爸头同样笑得让人心动。船又过新滩，已经知道我的写作的老爸头，还是将一样的笑留在因为枯水而格外空旷的峡谷里。正是这些带有亘古意味的笑，让我提前在尚为女友的太太面前早早得出结论，老爸头心里已经接纳了我。

果然，从三峡归来的第三天，老爸头让太太约我上她的住处吃晚饭。那晚的电灯有些暗，一点也不亚于总也温情的烛光。这样的气氛反而让我和太太变得格外没主意，不知如何将我们的事向第二天就要回安远老家的老爸头提起。微光之下，我们的目光一次次地碰得火星四溅，那些在世俗观念中很难被破除的婚姻障碍，在这样的时刻更加令我们忧心忡忡。让我们万万没有想到的是，第一杯酒刚喝完，老爸头忽然同我们谈起计划中的果园。岁月在老爸头身上留下的痕迹也是恰如其分地平淡，五十九岁的老爸头看上去也就五十九岁。那些实岁五十五，看上去像五十的人可以退休，老爸头却不行，单位里将他当作骨干。留到五十九，单位再也没办法了。老爸头已经写好了未来果园的计划书，包括投资在内，什么都想好了。他知道远离身边的女儿会担心的是什么，计划书里还有请两个帮工的安排。老爸头的计划百密无疏，最后一条说的是柑桔三年试果，四年挂果，到了第四年秋天，他要请所有的儿女，包括远在武汉的，去果园尝新。谈笑之间，俨然没有比果园更重要的事。趁着高兴，我向老爸头敬了许多次酒。老爸头只回了一次，而且还不是单独的。正是通过这杯酒，老爸头将一枚定海神针放在我们心头。老爸头端起酒杯，一边示意，一边天高云淡地叫着我们的名字，只用一句简单的话，就将我们提心吊胆了很久的婚姻决定下来。老爸头没说将女儿托付给我，也没说要我们甘苦与共，更没说对我们共同生活的考虑与希望。老爸头极目云天地一举酒杯，舒缓地说了句：祝你们健康平安，幸福美满！说完便先将红玛瑙一样的酒一饮而尽。激动之中我已记不得当时说了些什么，但我肯定没有叫老爸头。

等到我也能当面叫老爸头时，女儿已经知道谁亲谁疏了。出生才十个月，又正好生着病的小家伙，一见到外公，居然毫不犹豫地张开双臂，扑了过去。女儿在她的外公怀里美美地呆着，连妈妈都不要了。此前她的舅舅姨父们试着抱了多次，女儿硬是躲在充满母乳芳香的怀里不肯就范。老爸头一点也不会哄他的小外甥，抱在手中只知道乐哈，偶尔想起来了，也只是唤一声她的乳名。女儿却不客气，转眼间就在外公怀里干了一件所有孩子都会干的小小坏事。天生一副笑佛模样的老爸头，出乎意料地说了句，屎（时）来运转！赣南一带的方言隔着一条河便相互听不懂。因为我，一屋的人都说着普通话。老爸头也是这样说的，虽然其中方言味道很重，却足够我听明白。更因为老爸头的普通话是那些总在身边的儿女从未听见过，满屋子的欢笑，一时间盖过了街上迎春的鞭炮声。

老爸头的快乐与幽默，不只是在语言上。此时，他离职快一年了。正是别人大闹退休综合症的时候，六十岁的老爸头，踏着江西著名的红土地独自出行，去那离城四十余里的谢家老屋附近，买下一片荒山，按部就班地挖出一道道沟，一座座坑，栽上用他的专业技术认定过的最好的柑桔树苗。被老爸头用六十岁人生开垦出来的果园里，还盖有一栋两层的小楼。小楼旁边，养有近二十头猪的猪圈，也是老爸头老来的事业。在更远的山沟里，老爸头只是动用少许少年时便拥有的知识，修起一座几米高的水坝。有了细细铁管的引导，天赐清泉自行而来，或到桔园，或到猪圈，或到屋里，无需再加任何人力。就是那些有腿没手的猪，口渴要水喝时，也不用主人帮忙。老爸头在猪圈里安了几只特别的龙头，大小猪们用嘴一碰，那水就哗哗流入嘴中。老爸头从不赶时髦用绿色当说法，也不去刻意体现环境保护，老爸头只在意对自己毕生所学知识的尊重。在这样的尊重面前，所有的发展都会自行体现持续性。老爸头建圈养猪，是因为种柑桔用猪粪做肥料最好。老爸头还建了一座处理猪粪的沼气池，所有点灯烧灶的问题全都解决在里面。更为奇妙的是，养在圈里的家猪竟然引来一头野猪。野猪来了，不肯再走。老爸头又多了一样想法。用野猪和家猪杂交，这对大学里就是学畜牧专业的老爸头来说，充其量只能算是一种幽默。就像他在城内新华书店旁边开的那家兽药店，有做相同生意的人背后说他是外行那样，老爸头只是快乐地笑一笑，再也不肯多说一句。新生在果园里的一切，有时候真像是老爸内心深处的一种满足。在职的时候，老爸头总在将与此类似的东西教给别人，几十年了，真正学到刻骨铭心程度的人并不多，更多的人只是出于种种原因在他面前装装样子。老来的老爸头如此倾心一座果园，为什么不能说，那是对自己毕生喜爱事业的归结哩！

在老爸头的词典中，汉语中许多常用的词都被剔除了。别人说去吧，他只说去。别人回答好的，他只回答好。如果涉及到果园，不管有多少事，尚在城里的老爸头绝对只会用三个字：去果园。老爸头说的话都是不可或缺的，那些用来练嘴皮子的词字句子，在他看来实在毫无意义。

自从有了果园，老爸头的话比从前多了起来。也是有了果园，太太往日那种隔山隔水温情脉脉的抱怨也消失了。太太不再说老爸头本不应该生活成这样，特别是老爸头在果园那边屋子里装上电话后，太太对老爸头的想念总能及时到位。每次听她和老爸头说话时，都能听到老爸头在那边邀请我们回去吃桔子，太太则在电话这头嚷着一遍遍问什么时候才会挂果。这时候的太太终于接受了早先我对她过的话，凡事只要老爸头觉得高兴就行，如果老爸头不高兴，就是做成天大的事业又怎么样？能在自己所爱的生活中享受个性的自由，当然就是幸福了。

我那永无相见可能的岳母去世数年后，在南昌上大学的太太，意外碰到岳母在江西“共大”的一位最要好的女同学。像亲人一样的南昌阿姨，如今也退休了，可整个人依旧风姿绰约容光楚楚。说起岳母，南昌阿姨不胜慨叹，其中既有岳母当年比她更富魅力的神往，也有对岳母后来嫁给老爸头的遗憾。按照她的说法，岳母的初恋被那个时代丑陋的政治生生扼杀了。对于“共大”文艺宣传队女报幕员的爱情归宿，南昌阿姨的不满显然不是针对我们的老爸头，可南昌阿姨在说老爸头每次见她都会不好意思时，还是表现出某种遗憾。作为浙江女子，岳母当年报考“共大”时，首要因素是听说“共大”有饭吃。读上“共大”的岳母，的确从每顿饭里省出一些，晒成米干，寄回地美田肥却饥荒连连的义乌老家。在那样的时代，岳母最终将自己的爱情之果，结在根正苗红的老爸头身上，是一件再平常不过的事。

一九九九年的春天，为着我和他女儿的婚礼，老爸头再次来到武汉。“共大”毕业后，一直在南昌工作的岳母的女同学也来了。两位前辈坐在一起，没见到老爸头身上有不自在的地方。话不多的老爸头依然不多说话，总在微笑的老爸头依然笑容可掬。老爸头还将后来的妻子带在身边。他将对我们说的有关果园的一切，新鲜如初地对南昌阿姨说了一遍。他那样子让我们这些听过多次的，也觉得新鲜如初。南昌阿姨后来说，要是她那最要好的女同学我们的岳母还活着，老爸头决不会这么一把年纪了还去经营什么果园。为了他的果园，老爸头比南昌阿姨先起程回江西。送他的时候，南昌阿姨开玩笑地对老爸头说，骑摩托车时小心点，别以为自己还是小伙子。老爸头笑一笑，没有正面回答。限于尊讳，我没有将心里想到的话说出来。

有了果园的老爸头买回一辆时尚的摩托车，每天里都会骑上它，穿过南方的小城安远，去到那个被称作果园的一天比一天葱绿的地方。关于骑摩托车的老爸头，太太一说起来，眼睛就笑成一弯弦月，就像听到我对她说那最亲密的一句话，就像老爸头的果园在她心里每分钟都轮换一下春华秋实。如果没有果园，肯定不会有老爸头的摩托车。有了果园，有了摩托车，老爸头一下子变得青春勃发起来。在为我们制订的各种制度里，有着一过六十岁，无论身体如何，都不可能合法获取机动车驾驶证的条款。为了果园，一辈子生活在各种规矩里的老爸头，敢于从其中走出来，这在他的儿女看来，简直是天大的奇迹。“头”“古”之类的后缀语是安远一带对男孩的昵称。被后辈叫做老爸头，本是太太小时候没大没小的顽皮淘气，随和的老爸头不以为忤。今日我们在喊老爸头时，言语中自然多了一层敬重与亲近。我那想说而没说出来的话是：不管岳母在和不在，她都会爱这个和果园一起成长的老爸头。一个头发花白的老人还能挤在年轻人的道路上，骑着摩托车风驰电掣，还能将只长杂草的处女地，开垦成鸟语花香的果园，我们能不喜欢并热爱他吗！

老哥刘益善

将一个打从内心尊敬的人称为老哥并不是我的创意。

第一次从别人那里听到这种称呼后，我就毫不犹豫地觉得这样非常好，不仅符合自己的身份，对被尊称者也再合适不过。随后我就这样叫了。老哥听到我换了一种叫法，过了好久才问我："我真的老了吗？"不知道早先那些如此称老哥的人是不是也接受过如此疑问，至今我还清楚记得那一瞬间里老哥神情的变化，不像是伤感，也不像是忧郁，在当时的感觉里倒有几分责备，毕竟此前我和许多人一样，一直将他称作老师。前几天，在《上海文学》上读到杨斌华所写回忆周介人先生的文章，提到吴亮等人曾经当面问周先生，是否可以像陈村那样不叫他周老师而叫老周。周先生笑着说可以，转过身后，眼睛里却闪现出两朵泪光。天下许多事情不仅相通，而且相同。经年累月，当编辑的为人作了许多嫁衣，眼见着丑小鸭变白天鹅，小秧子长成参天大树，先前的老感情虽然还在，却不见那些人像往日那样时常来叙。老哥没有流泪，说过了，笑过了，我们怎么叫他就怎么应，到后来竟然自报家门地不时冒出一句，我是你老哥之类的话语来。倒是我们这帮在其眼皮底下成长起来的作者，反而要用不少时间来为他叹息，说这人也太随和了。

老哥叫刘益善，三十年前从华中师范大学毕业后，就在《长江文艺》当编辑，此后便在那几间平凡而充实的斗室里一天接一天地忙碌着。我们正式认识的那一年，老哥已是副主编了。现在，他在主编任上也干了多年。在正式认识老哥之前，我们之间曾经有过一次不期而遇。那一天，我们在一起聊天，老哥说起自己有写日记的习惯，三十年来整整写了三十本日记，记录着许多被岁月模糊了的文坛中事，以至于许多人时常向他求证已成历史的一些事情。我当即笑着他，自己最早出现在他的日记里，一定是某某等二人中的那个等。这件事情老哥的确不记得了，那时候他受委派去鄂东英山县为诗人熊召政的一件纷杂之事做些善后工作，而我只一个刚刚开始写小说即使是在县城里也还没有丁点名气的业余作者，别人告诉我说谁谁来了，完全是出于好奇，想见见那些胸怀伯乐之才的编辑是何面目，我就跟着别人去县委招待所的一间客房里与这个后来被我称作老哥的著名编辑的著名诗人见了一面。老哥正在收拾行李，收拾完行李又匆忙奔向汽车站，在等车的那一刻里，我们站在街边买了些油条稀饭，老哥坚决要付所有的钱。老哥果然不记得那一刻里非常感动的我，他边笑边说，我该给他当年买油条的款项付利息了。听他这一说，我又觉得惭愧，这么多年，自己不知请过多少饭局，唯独没有请过老哥，不是没有机会，而是一有这样的机会埋单的还是老哥。埋完单后，他还要关心我们，当纯文学作家稿费得来不容易。一九九六年我的四卷本个人文集出版后，曾经挑朋友熟人送了一些，不知为什么竟然忘了老哥。后来的某天，老哥似是无意地对我说，他的书柜里有方方等人的文集，就是没有我的。一句话说得我脸皮都快红破了，忙不迭地表示要将自己存档的仅有一套书送给他。老哥笑一笑，大度地表示这倒用不着。

逢到不认识老哥的陌生人，不管是我们还是他自己总要将他的名字介绍为多多益善。其实善良的老哥也会做出反善良的事情。一九九二年夏天，老哥约我为《长江文艺》写部中篇，因为事情多，耽误了，到九月时老哥一连写了几封信，限我在九月十日以前务必将稿件寄给他。从收到信算起，老哥只给了我一个星期的时间，那几天我又感冒发烧到三十九度几。硬撑着将那篇名为《秋风醉了》的中篇小说写完寄给他，没过几天他就打电话来非要我删去其中一些文字。偏偏我又惜字如金，最不爱删改自己的作品，何况是在高烧中写就的文字！在电话里我据理力争，老哥却不让步，振振有词地数出一二三四几条理由，让人由不得要咬牙切齿地骂他是那个在《半夜鸡叫》中百般盘剥长工的周剥皮！对待文学，老哥有一种一以贯之的洁癖。那几年在老哥的操持下，《长江文艺》每年都要举办不下两次笔会。老哥办笔会向来是动真格的，别说游山玩水，就是早上起床晚了，他也会像生产队长一样敲门叫醒，到了吃晚饭时，他又会笑眯眯地逐个询问，了解谁谁当天写了多少字，弄得我们有时候不得不虚报假报，仿佛不如此就不好意思拿起筷子。在没有时兴电脑时，老哥对那些字迹潦草的手稿简直是深恶痛绝。因为弄到几本稿纸很不容易，我一向下笔极其谨慎，哪怕是初稿也极少有涂改。为此老哥经常将我作为榜样。邓一光就不行了，他的字写得像天女散花，每到定稿后，不得不请别人帮忙抄写，才能最后送到老哥面前。作为编辑的老哥，作风严谨，细致入微，任何时候，任何人都休想从他所写的手稿中找到一只墨团。这样的细节同样贯穿在老哥对文学的欣赏与编辑中。

我这人是最不善变化自己的，随着年龄的增长，在许多场合上也会跟着大家将某些年长者称为老王老张和老李，可是一旦到了自己单独与其相处时，又会依然如故地继续着文坛上最常见的尊称。只有老哥是例外，自从叫上了，就没有再改口，一直将他叫到真的有些老了。那一天，与老哥在一起，先是有人发现我的头发也白了些许，继而便是老哥的自嘲。因为白头白得太多，老哥开始定期上美发店焗油，又因为头发掉得早而多，焗油时人家只按半价收费。三十年河东，三十年河西，沧桑中的老哥性情却没有变。今年春节刚过，一位崭露头角的青年作家告诉我，《长江文艺》将要发表他的一篇小说，同时还要附上评论文章。姑且不论年轻，单是他所代表的新一代作家的艺术理念能在有着六十多年传统的文学期刊上出现，就是一件值得庆幸的事，当然我更是特别地为一点也不老的老哥高兴。后来，老哥如实地告诉我，尽管自己并不欣赏这类作品，他还是愿意用一种宽容之心来接受这样的写作。老哥的心的确宽厚。写到这里，我又想起周介人先生。那么好的一个人说走就走了，远得活着的人无法想像。一想到这一点我就痛恨自己。那时候并不是不了解他的病情，而是不相信周先生的生命力是有限的，脆弱的。早知道周先生也像平常人一样，心律，脉动，脑电波，都有可能在重创之下永远消失，我非要为他写上十篇文章，哪怕别人说自己像个爱唠叨的老太婆，哪怕别人背后嘲笑这不过是在投机取巧逢场作戏。可现在，再多的文字周先生也看不见了，这是我一辈子的心痛。正因为如此，我才明白，许多事情是不可犹豫不可观望不可环顾四周而等待的。譬如老哥，人好，心地好，很多人都喜欢他尊重他，我就该当面对他说，这不是他在乎和不在乎的问题。

坐我右边的军人

浮华时节的尘缘，有时候也会具有新奇。新年伊始的一个会议上，因为按姓氏笔画排列的缘故，我和身为某部副司令的刘耀来坐到了一起。之后几次例会，他始终坐在我的右边，我便始终坐在他的左边。于他于我，因职业的陌生感产生的彼此好奇，使我们在会议上各种报告的缝隙，作了许多每每是只有开头和结尾，省去中间过程的一竿子插到底式的简短交谈。在我这里，一直认为保家卫国是军人天职，只有真正履行过这种天职的军人才是真正的军人；只有从枪林弹雨中冲锋陷阵，敢于提着自己的头颅，将一腔铁血漫天抛洒的司令，才不是阿庆嫂眼中的胡司令。所以，有一次，我突然问他打过仗没有。

耀来兄懂了我的意思，他取下军帽略低一下头，露出头顶正中一块指甲大小的伤疤。那是一颗AK-47突击步枪子弹的绝作。当年他在南方边境丛林里与敌军突然遭遇，眼前白光一闪，他下意识一缩脖子，原本冲着眉心而来的子弹，无奈地贴着军帽上的红五星的上沿，擦过耀来兄的头皮，坠落在身后常绿的丛林里。我这才发现生死之隔，远没有一只飞机翅膀那么宽大，末日与未来的距离也不会有飞机起落架飞出的那么远。

生活在浮华时代，尘俗比比皆是。万一遇上针鼻大小的艰难，便会放大到仿佛天要塌下来的末日一样，不仅让自己惊恐，还要绑架般让他人跟着绝望。在耀来兄那里，生与死、末日与未来，只隔着一颗红五星。放到平凡生活的人们那里，相隔也只有一块橡胶擦那么宽、一片口香糖那么厚、一粒米那么长；至于时限，肯定少于某个日常欢乐场合无心抛向异性的媚眼之一瞬，肯定短于对某项分配或委任不甚满意的一声长叹与低吼。耀来身上还有一块碗口大的伤疤，那是一枚迫击炮炮弹在他冲锋的路上猛烈爆炸所留给他永远的纪念。

军人的荣耀从来是与牺牲相伴。耀来兄原来不叫耀来，在他还是个乡村小剃头匠、小泥瓦匠和小卫生员时，父亲赐给他的名字是跃来。在成为一名军人，并且成为连级指挥员之后，他才将自己原来名字中的“跃”改为“耀”。无论是跃来还是耀来，这时候的他，已经在TNT爆发的烈焰中将自己的脊骨淬过火，更将乡村少年的青春替换成中国军人的铁血，真的是怎一个耀字了得！

那一次在会上，耀来兄说起他写了一些关于自己的文字，有两万多字。我有意无意地信口说道，何不再充实一些内容，写一本一个普通中国军人的长成史。事隔半年，他真的拿出一部洋洋十万言的书稿来，要我在书的前面写上一段话。还说这是武汉大学的一位女士出的主意，要他谁也别找，就找开会时坐他左边的那位来写。耀来兄的幽默让我无法拒绝。读完书稿，其中铁血军魂自不待言，最妙不可言的是作为职业军人的他，所获得的最幸福，也最真挚，同时又是最为奇妙的爱情信物。那位日后成为终身伴侣的梁子湖畔的美丽女子，用一块美丽的花布包上一枚自己生产的扣子，将自己的初恋献给了一个从南方前线回来后，又去驻守西部大漠的军人。这情怀是那样的普通，因为那样的扣子每天都会在车间里堆出一座小山。这情怀又是如此浪漫，因为这枚扣子是从小山一样的扣子堆里精心挑选出来的最美丽的一枚。身为副司令的耀来，何尝不是这样一枚扣子！

如耀来兄爱妻当年所言，随便将这枚扣子缝在衣服上的什么地方都行。上战场、守大漠、护奥运、保家乡，他都做到了。像扣子一样，守住应当守的美丽家国，并且一步一个脚印地创造出从普通中超越出来的壮丽军魂。

有一种伟大叫巴金

秋叶苍红。秋草苍黄。秋夜苍白。秋水苍茫。

我趴在塞外一张陌生的桌子上，好不容易写下“泪水清扬的满月”这一句。

头一天，在渤海大学音乐厅的讲台上发言，曾经脱口提及文学艺术的描写，从来都是黄昏之壮美远远胜过清晨的秀丽，在数量上，对黄昏的关注更是不成比例地远远超过清晨。十月十七日，一大早就外出，赶在每个月的农历十五都免不了的大潮涨起淹没之前，经过那罕有的海底天桥，去到渤海中央的笔架山岛，尔后又忙忙碌碌地到了曾经名叫平远和威远的那座古城，看看天黑了才往住处赶。途经锦州城外一条宽阔的大河，望着河的西端尽是辉煌晚霞，车上有人说起我先前的话题，言语未定，蓦然间从河的东端升起一轮清清朗朗的满月。刹那间，所有人都屏住了呼吸，明明是三十五个座位坐着三十五个人的大客车，竟然一点动静也没有。塞外的天空让人惊讶，那种天空上的满月让人感受到的更是一种震撼。

塞外的黄昏总会来得早一些。然而，这一天，从不与满月争辉的黄昏落霞迟迟不肯抽身隐退。时近七点了，一行九人从住处出来，去到锦州大戏院看那东北二人转到底如何恶俗时，还能从炫目的霓虹灯旁找到依依不舍的许多碎片。八点刚过，《文学报》徐春萍突然打来电话说：巴老走了！七点零六分！这一次是真的！这后一句话里包含有一件旧事。去年冬天的一个深夜，本地一位记者打电话到家里，也说是巴老走了。不记得当时曾如何表达自己的忧伤，只晓得后来迅速打电话到上海，求证于正在生病的徐春萍，以及在《文汇报》供职的女作家潘向黎。一年前的新闻终于不再假，那种难过，让电话里的我们说不成任何句子，除了寥寥无几的三五个字，其余全是空空的电磁声。这时候，潘向黎也发来相同内容的短信。我无心再看二人转了，与同行的另外八个人打招呼，孤单地回到房间，摊开纸，刚刚写出一行字，便被那止不住的泪水彻底模糊了双眼。

我晓得此时此刻自己需要一场刻骨铭心的伤痛。

我别无选择，只有将电话打回家，那是一个行将五十的男人唯一能够彻底敞开胸怀的地方，也只有骨肉至爱的女人怀抱，才能让早已心如止水的男人隔着千山万水放声大哭。平静了些，我才重新拿起笔来，匆匆写了一段无论如何也平静不下来的文字。

“是您自己的选择，还是上苍的安排，泪水清扬的满月，就这样载走了亲爱的巴金老人！从此后，谁堪做文学中国的良心？我唯有匍匐在山海关外的茫茫大地上，祈望天空那颗最大最圆的月亮成为您的永生！”

我还想说，从此后，谁堪矗立文学中国的脊梁？

我还想说，从此后，谁堪标志文学中国的清洁？

长夜难眠，这发自心灵的伤痛，其实早就深植在浅薄的年少时期。那时候，我生活着的小城，流行一种名为文学青年的毛病。就像传播非典型肺炎的蝙蝠与果子狸，小城里最活跃的几个人，每次外出参加各种文学活动归来，总要传播一些闻所未闻的小道消息，或者是美其名曰的文学新观念。很多次，混迹在听众中的我，闻得种种对巴金老人的不敬，血肉之躯竟然能够产生阵阵莫名其妙的亢奋与激烈。世事如烟，所幸我还能及时看清楚，在谎言被重复千万次的那段时间里，真理并没有真的被淹没。只是以其沧桑历尽的姿态，耐心地等待着对方，用忏悔的耳光，痛苦而幸福地抽打自己。年少并不等于无知。真无知是因为个人欲望太过强烈，看不到追名逐利背后的丑陋与肮脏。更看不到文学的真正巨人反而类似老父老母，从不在儿女面前以哲人姿态，散布那种语不惊人誓不休的大话，更不会利用各种方式将自己的书写无限夸张。

有一说法，远处的作家是天才，隔壁的作家是笑话。远处的巴金老人，越来越不被人当成是天才。在我成为一名真正的书写者，并将巴金老人当成动笔就能见到的邻居之后，老人拥有的全部朴实无华，都在证明，真是高僧，只说常话。所以，不将巴金老人当成天才是对的。天降大任于斯，为的就是让巴金老人与众多狂妄之辈的平实相处，及时地帮其来几颗救心丸，饮一剂还魂汤。

一位老人的远去，让一批后学长大许多。第二天的早上，大家又到了一起。回忆着一九九九年，老人在喉咙里插上两根导管之前，所说的最后一句话：从现在起，是为你们活着！我没有同意对老人最后言语的普遍说法，也没像从前那样只要求自己心里有数，不去触犯众怒。算不上挺身而出，我只是不再习惯从众，不再习惯洁身自好，不再习惯温良恭让。我想让大家同自己一起去触摸一个伟大的灵魂了。

虽然早已不年轻，这个念头刚一出现，我就觉得肩头上一夜之间磨出了一层老茧。也只有这种老茧才有力量让我将心里的话当众掏出来。当然，这老茧也是老人离去后，我们这一代人必须担在肩上的责任。

在《圣天门口》中，我形容说，一盏灯最黑。那样的黑是众多逃避所导致的，不是不懂得，而是世界太聪明，非要等到唯一的灯熄灭之后，人们才开始点燃自己的心灵之火。这些年，有多少年轻人都不堪重负的责任，被强压在这位衰弱得无法做出任何行动的老人的肩上。有多少声名显赫位高权重者都三缄其口的话语，还在凭借连呼吸都不能自主的老人的名义发出声音。老人终其一生从不计较一己之利，不管世俗之眼如何相看，事实无可否认地摆在那里，没有老人的脊梁作为支撑，文学中国也许早就被一些三头六臂的怪物，幻化为出产种种丑陋私利的自家后院。老人是定海神针，老人是镇宅宝镜。本可以早些仙去的老人，就连文学中国里最基本的良心，也还要以一己之力独自担当，直到悬于一线的生命最后一次搏动。

对巴金老人的尊敬和热爱，就像大树一样年年见长。却不然，这成长连一丝氧气、一只吊瓶都不如，救不回哪怕只需延续到一百○二岁生日的一点点时光。虽然永生也是活着。虽然一百○一岁也是永恒。

一九九一年春天，我去北京参加全国青年作家创作会议。那是我第一次到北京，作为首都的这座城市先前样子我并不晓得。因为是一九八九年之后，这次会议显得格外特殊。即使是我这样的陌生人，也能感受到最初时刻的郁闷与压抑。

然而，一切都在那一天的那一刻烟消云散。

一个声音在冷清了许久的会场上响起：“说真话，把心交给读者！”

没有人不懂这声音的深刻性，如风暴一样的第一轮掌声，是那最好的证明。没有人不明白这声音的针对性，如雷鸣一样的第二轮掌声，是那最好的响应。没有人不听从这声音的号召，如天崩地裂般的第三轮掌声，更是那只为真理迸发的热情。巴金老人没有亲临会议，尽管那声音只是用书面形式发出来，仍然有足够力量撼动所有年轻的心。没有巴金老人的会场上，巴金老人却无所不在。巴金老人的无所不在一出现，那些同样无所不在的假话空话和废话，顷刻之间就被荡涤得干干净净。迄今为止，这是我所见到的，用最貌不惊人的真相，表达出来的文学的最精髓。

一九九四年十一月，我去上海参加一个文学颁奖活动。与周介人先生见不久，他就问我想不想见巴金老人。在心里，我非常想见，说出来的话却变成不想打扰。后来听说有人去了，也没有生出多少后悔。有三年前巴金老人的耳谛面授，得一箴言足矣。

我坚持着这种与巴金老人亲密接触的最好方式。

时至今日，它却成了天下之人的唯一形式。

在文学中国处于最危难时刻，巴金老人以最坦荡的方式来到了我们当中。

而他自己却在文学中国春暖花开时节，以一种最艰难的方式悄然离我们而去。

好在天空中有一轮最圆的月亮，还活着的失落之心才不至于像枯叶一样四处飘零。我寻找到一处网吧，将无论如何也难表达怀念的文字发送出去。塞外深秋不再是凉，而是真实的冷。我不想马上回到住处，顺着漫长的街道往前走，不时地心中会怦然一动，以为自己接近了某种渴望。月光如雪水流遍，清冷浸透到灵魂深处。这时候，才想起在河流之上见到的落霞满月，真的是一种预兆。

天地留言，默默雾雨电；星月流响，朗朗家春秋。

好在这世界猛然惊醒过来，像我一样明白，有一种伟大叫巴金！

一部红楼梦天下

任何历史，政治的、军事的和文学的，距离远，视野总会相对开阔一些。后来者总是幸运儿，因为通过读书，可能用前辈们的灵与肉来进行探索。当然，那样的前车之鉴，也还需要善于理解和运用。文学总会首先与她所处的时代共命运的。从现代文学的出现，到当代文学的兴起，中国文学一直在承担着国家兴亡、匹夫有责之责，承担了太多本不应该由文学来承担的重责，这是由阶段性的历史决定的。文学经典性的重要方面，就在于她与本民族的命运休戚相关。

只顾抱着那些实用书籍的实在算不上是读书。我们所说的读书其实应该是为了让人的思想开窍。所以，对多数人来说，读文学书才是最好的首选。譬如，因为太注重实用了，对于鲁迅，无论是生前，还是身后，对他的研究与表述，一直存在着深刻的片面。在这一点上，我所读出来的鲁迅，并不是那个普遍认同，只会将文章当作匕首和投枪的鲁迅。我想这一点很重要，鲁迅精神不能理解为，只是某种阶层或者执政当局的天敌。

唯有阅读文学才会让我们明白，高贵是社会价值的重要标准。我们这一代人深受俄罗斯文学的影响，最普遍的又是受到高尔基的影响。当我开始遐想高贵是如何与文学互存时，曾经因高尔基的出身与他的写作而困惑不已。关于高尔基，中国文学一直是这样介绍他："前苏联无产阶级作家，社会主义现实主义文学的奠基人。他出身贫苦，幼年丧父，十一岁即为生计在社会上奔波，当过装卸工、面包房工人，贫民窟和码头成了他的社会大学的课堂。他与劳动人民同呼吸共命运，亲身经历了资本主义残酷的剥削与压迫。这对他的思想和创作发展具有重要影响。"从这些话中，可以很容易地理解他所写作的那部著名的三部曲，然而，对于年轻的中国学生来说，影响更大的是那部似乎更能体现其灵魂风范的《海燕之歌》。那只高贵的海燕，无疑就是高尔基的人格写照。

很多年后，真到儿子也像我当初那样年轻，有机会去到高尔基童年和少生时代生活过的喀山市的一所大学留学，我才了解到一些关于俄罗斯人的生活真相。儿子后来告诉我，喀山当地治安情况十分糟糕，走在街上被暴徒抢劫的事，多得就像中国任何一个地方随地吐痰的情形。在那所大学里呆了十几年的中国老师传授了一个秘诀给他们，男生们如果有事出门，一定要请一位女生做伴，因为，俄罗斯男人可以在家打老婆，也可以抱着酒瓶醉卧街头，却断断不会当着一个女人的面抢劫另一个男人。于是，我才恍然大悟。俄罗斯文学高尚无比的地位，正是来源于日常生活的种种小事。回头来看，中国的发展与世界的发展的不同步，姑且不从宏大事物去观察，仅仅是生活本身就已经落伍了一大步。也就是说，如果社会中真有什么输赢的话，赢者也好，输者也罢，是成者为王，还是败者为寇，一切皆由起跑线上那一步所决定。在一个将垃圾奉为鲜花的环境里，绝无产生瑰宝可能。在一个不知何为羞耻的人心里，也绝不可能孕育出传世佳作。

如同近代史上的一部佳作，上海在中国乃至世界的地位，也是由于她所拥有的高贵气质。财富的积累并非太难，难的是人在任何时候对文学艺术的信仰与恒守。按照现在人喜爱以地域来划分某类文学，对于中国人来说，那些从古典中明确区分出来的新文学，几乎可以说成是“上海文学”了。而在事实上，上海的人文形象和口碑，则得大大地得益于文学。完全可以这样说，是上个世纪二三十年代的小说、诗歌和电影戏剧，奠定了上海这座城市比许多东方城市更为高贵的身份与高雅的名声。在信息传播滞后的年代，作为不夜之城的上海正是仰仗着文学的丰富魅力，让许许多多未曾有机会一睹城市英姿的人，开启了人生的想往之旅。

为什么说《红楼梦》是好小说的标志，就因为《红楼梦》骨子里的是高贵，是一种高处不胜寒，它的人物也好，它描写的生活也好，是一个时期的精神结晶。缺少这个根本点，仅靠道听途说的摹仿是靠不住的。人对美好生活的向往，也是内心藏而不露的高贵之心在作怪。就像生活中，有的人靠粗鄙可以得逞于一时，但能如此粗鄙一生吗？

所谓中坚，当然是少数，更多的人是否只是跟着某种概念潮流四处泛滥？真理有时候只可能掌握在少数人手里。那些借以文学名义的离经叛道，就像当年搞反右和大跃进，将自以为是的东西，无限地浮夸。再用不惜消灭肉体的办法，消灭那些自以为不是的东西。一切为了欲望，再将欲望作为一切，包括替代当年那些屡屡置人于死地的暴力手段。这种疯狂追逐暴利和决不放过任何蝇头小利的趋势，所考验的不仅是文学，而是人为了生存而必须具备的那种大智慧。

所以，在那部几乎被所有当代中国人阅读过的红色经典里，保尔·柯察金即便真的就是斯大林所说的那种用钢铁做成的人，也有理由让我这样的后来者在深思熟虑之后，不能不发出拷问：人类的品行高贵，不应该再有受到世俗非礼的时代，更不能以暴力相向。如果没有意识形态因素，依这部小说所提供给我们的种种文学元素来分析，我们阅读到的主人公实在没有不爱冬妮娅的理由，就这样将人的生命牵强地塑造到钢铁的程度，实在是一场天大的悲剧！在现实中，现代中国史上的第一次离婚潮发生在一九四九年中华民国政府败退台湾岛，中华人民共和国政府在北京成立之后不久，从解放区来的军政干部，纷纷休掉同一意识形态阵营里的黄脸婆妻子，转过身来投入到众多有资产阶级背景的女人怀抱。以中国国情来看，在这一点上，这部红色经典有主题先行的嫌疑。还可以说，这种文学的无良因素，间接导致当代中国文学出现了一段让人闻之色变的无良行为时期。

文学所需要的高贵，存在于作家的骨子里。如果写作者本人都不能意识到高贵之紧要，怎么能要求他的作品高贵起来呢？但是，往往很多人把高贵理解为矫情，或者是反过来，将矫情当成了高贵。真正的高贵是人的心灵质量的一种标志。

回过头来再看我们的日常读书，曾经盛行的民间故事与民间文学，它所表达出来的，是人在内心潜藏着的种种不满与反叛。譬如，以著名的《刘三姐》为例，过去流传的民间文学几乎千篇一律：愚蠢的有钱人总被聪明的穷人所戏弄；满腹经纶的秀才举人，也就是后来被称为的知识分子，总是被塑造成一付食古不化的书呆子模样，吟诗不行，对歌也不行，就是将孔圣人抬出来，也不过是一个更大的笑话。从这一点上，我们的民间文学中有一种潜在的暴力倾向，那就是，当一种东西无法得到时，百般无理的抹黑与诋毁就开始了。既然自己得不到，别人也就休想独自占有。这种流民无赖者心态所带来的恶果，不仅屡屡出现在世界历史上，当今世界里，文明程度越低的地区，越是还在层出不穷。

人类的高贵，在过去时期需要借助诸多奢侈品以及奢华的生活方式来展现；在物质生活差异正在变小的当下，精神气节的关键性就显得更加突出；在生存质量将会变得越来越小的未来，这一点就难免会成为至关重要的了。

包括阅读在内的中国问题在于，人人都希望一分努力马上要得到一分回报。欧洲一些地方，一百年前开工的艺术馆，到现在还在建设中，中国人还稀里糊涂地嘲笑他们。前几天，在台湾的国民党，输了高雄市长选举。党主席马英九遭到了铺天盖地的批评，绝大多数人指责他，在高雄拼选举，不肯使用下三滥的招数。我很为这样的指责悲哀。如果马英九最终听信了这样的建议，那会更加令我悲哀。为了获得一张横行天下的卑鄙通行证，宁肯身陷卑鄙的泥潭，这样的马英九将会在历史的选举中输得更惨。卑鄙者貌似肆无忌惮，其实是惶惶不可终日。这也是陈水扁等一些人，拼命想将马英九抹黑的真实心理。在高贵面前，任何卑鄙都明白自身的卑贱。供世人阅读的文学不是用来解决问题的，但一定要成为世界的良心。所以，站在文学的立场上，总在自诩的李敖先生虽然会读书，却实在算不上是好的读书人。

图书在版编目（CIP）数据

我的河山，我的家 / 刘醒龙著. -- 贵阳 : 贵州人民出版社, 2016.3
ISBN 978-7-221-11075-6

Ⅰ. ①我… Ⅱ. ①刘… Ⅲ. ①散文集—中国—当代
Ⅳ. ①I267

中国版本图书馆CIP数据核字(2016)第049648号

我的河山，我的家

刘醒龙／著

出版人　苏　桦
图书监制　祁定江
选题策划　祁定江
责任编辑　祁定江　刘向辉
装帧设计　陈红昌
插图摄影　王海贵
出版发行　贵州人民出版社（贵阳市观山湖区会展东路SOHO办公区A座）
印　　刷　三河市中晟雅豪印务有限公司
版　　次　2016年4月第1版
印　　次　2016年4月第1次印刷
印　　张　9
字　　数　160千字
开　　本　890mm × 1240mm　1/32
书　　号　ISBN 978-7-221-11075-6
定　　价　32.00元